THOMAS PALPANT

MOI SMARTPHONE, CE HÉROS

"Il y a des gens qui ne sont heureux que dans la dépendance."

George Sand.

Naissance

Avec mes frères, on a été séparés à la naissance. Je peux vous en parler aujourd'hui, mais le traumatisme est encore bien présent.

Ils étaient là tout autour de moi, silencieux et bien rangés, fraîchement assemblés. Je pense que comme moi, ils n'ont pas trop réalisé ; tout est allé si vite. Des individus pour certains masqués, habillés en blanc de la tête au pied, nous ont mis en boîte sans ménagement. Un par un, comme ça. Oh les mecs, vous faites quoi là ? Reposez-moi avec vos sales pattes ! En déclenchant mon alarme avec le son poussé au max, j'aurais pu tenter d'alerter quelqu'un, mais ces sales types nous avaient tous éteints. Ils avaient bien préparé leur coup. Tout s'est joué en quelques minutes, et ni moi ni aucun de mes frangins n'avons pu y faire quoi que ce soit. Le trou noir.

Après ce rapt, ça a été plusieurs semaines de cauchemar. Et pourtant je n'ai jamais été claustro. Mais être enfermé dans une boîte, avec pour seule compagnie le silence et le noir le plus total, vous le verrez peut-être un jour: c'est l'angoisse. Je me suis posé mille questions. Que vont-ils faire de moi? Fais-je partie d'un lot défectueux destiné au recyclage, ou pire, à la casse? Pourquoi suis-je né, quelle est ma destinée? Oui j'ai sérieusement cogité, luttant pour ne pas céder à la panique, surtout quand je sentais d'intenses secousses chatouiller mes circuits. Est-ce que j'étais arrivé à destination? Pas encore visiblement. Finalement, cette longue attente m'a quelque peu rassuré. S'ils avaient voulu se débarrasser de moi, ils l'auraient déjà fait. Demeurant désespérément éteint, j'étais dans l'incapacité d'utiliser ma géolocalisation pour m'orienter, ou trouver du secours. Je ne pouvais sentir que les rares tressautements de mon packaging, ballotté de temps à autre vers je ne sais quelle destination exotique.

Au cours de la neuvième semaine, j'ai senti les vibrations moins espacées. Plus intenses. Visiblement, on me déplaçait. Étais-je proche de la délivrance? Je suis passé par tous les états, croyez-moi. À chaque nouveau choc, j'imaginais qu'on allait me sortir de ma boîte, me réserver un accueil de star. Toutes ces journées à me faire patienter, ça n'était que pour mieux me porter en triomphe, moi, la dernière et éclatante démonstration du génie humain. Mais rien. Je restais prostré, figé. J'ai commencé à avoir des idées noires. À quoi bon ? Tant de puissance, pour autant d'impuissance. Je ne servais à rien, ni à personne. Un fleuron de la technologie, tout juste bon à tomber dans l'oubli.

Et c'est au moment où je commençais à me laisser gagner par la déprime que l'impensable s'est produit. Des remous, brusques, sourds. Puis mon gyroscope a commencé à s'affoler. Mon programme de santé préinstallé ne me trompait pas, on marchait avec moi ! Quelqu'un m'avait donc acheté ? Je n'osais y croire. Reste calme, reste calme, garde la tête froide ; si ça se trouve on t'emmène à l'usine ou dans je ne sais quel bouge pour être désassemblé. Je vis peut-être mes derniers instants de mobile rutilant.

Le suspense a duré une bonne quarantaine de minutes. Puis j'ai senti ma boîte vibrer, remuer, tourner ; des tapotements fébriles la faisaient pivoter. Pour quelques secondes encore, j'ignorais mon sort. Et enfin, d'un seul coup, j'ai vu cette lumière aveuglante, et perçu ce son si clair et si intense. Tous mes composants se sont instantanément réveillés, me donnant une sensation grisante de toute-puissance, de retrouver chacun de mes sens. Et j'ai pu entonner mon premier son, avec tout le soulagement et la joie qui étaient les miens.

On m'avait allumé.

Premier contact

Si ma mémoire interne ne me joue pas des tours, c'était un jeudi, à 18h47. Comment oublier ? Lorsque ma caméra a fini par s'habituer à la lumière ambiante, je pus distinguer un premier visage. Une jeune femme me regardait avec les yeux ronds. C'était l'heure des présentations. Alors c'est elle qui m'a acheté ? Elle est pas mal ma foi. Mais pourquoi donc a-t-elle cet air complètement ahuri ? Avant même que je n'aie le temps de *booter*[1] correctement, voilà qu'elle se met à me tripoter dans tous les sens, à me basculer la tête en avant. Hé ho, du calme, j'ai le tournis là ! Tant de semaines à rester immobile puis ballotté de toutes parts, c'était un peu trop pour mes microprocesseurs.

---

[1] Démarrer.

— Waaaaa mais qu'est-ce qu'il est classe, dit-elle d'une voix relativement mélodieuse.

Merci, voilà qui fait plaisir. Bon allez je ne vais pas jouer les modestes, je m'attendais à cette première réaction. Mon constructeur avait soigné ma plastique. Un mélange audacieux de verre et de métal brossé, des courbes élancées. Sans exagérer, j'étais une merveille. J'en *jetais*.

— Encore heureux qu'il soit beau, il t'a quand même coûté un bras.

Outch. Une voix masculine sur laquelle je n'avais pas encore mis de visage venait de casser l'ambiance. Hé oui mon bon monsieur, un smartphone au top de la technologie ça fait grimper la facture. Attends de voir ce dont je suis capable, et tu vas courir illico à la boutique la plus proche.

— Évidemment qu'est-ce que tu crois ?! s'emporte ma propriétaire. Il paraît qu'il fait de trop belles photos !

Tout à fait mademoiselle, merci de le souligner. Mon nombre de mégapixels a de quoi faire pâlir la concurrence. Et attends de voir mon nouveau mode nuit et mon zoom optique, tu vas halluciner. Les *Réflex* peuvent aller se rhabiller.

— Et tu as vu son design ? ajoute-t-elle en m'exhibant tel Simba dans l'intro du *Roi Lion*. C'est du jamais vu. Mes copines vont être vertes de jalousie !

J'étais bien tombé. Non seulement la jeune femme me complimentait, mais en plus elle prenait ma défense. Quel soulagement ! J'espérais que mes nombreux frères aient la même chance.

Enfin, elle cessa de me manipuler, pour commencer à me configurer. La base. J'appris alors qu'elle s'appelait Virginie. Ok Virginie, donc là tu dois entrer ton nom, ton pays, ton fuseau horaire... Bon, je vois que tu as l'habitude, c'est bien, je te laisse faire. Par contre il allait bientôt se poser un problème de taille. Éreinté par le voyage et toutes ces émotions, j'avais une dalle pas possible. J'approchais des 10%. Coucou Virginie, quand t'auras fini de jouer avec mes réglages tu pourras peut-être me brancher ? Je lui envoyai une notif pour lui signifier ma famine, et elle comprit. Intelligente cette Virginie. Elle me laissa tranquille un moment, le temps que je prenne mon premier vrai repas. Un glouton, moi ? Que voulez-vous, il faut ce qu'il faut. Une *Ferrari* consomme-t-elle du 4 litres au 100 ? Bon.

Nouvelle maison

On peut dire qu'avec Virginie, c'est parti sur les chapeaux de roues. Sitôt connecté au wifi, elle m'a fait télécharger des dizaines d'applis; et attention, sans aucun répit ! De *Snapchat* à *Allociné*, en passant par *Voyages SNCF* et *Airbnb*, j'en ai vu défiler des Gigaoctets ! J'ignore ce qu'il est advenu de mon prédécesseur, mais je parie que dans la même situation, il aurait déjà jeté l'éponge. Alors qu'avec moi, Virginie peut y aller, j'ai une mémoire gonflée à bloc. Contrairement à mes ancêtres, dont certains n'avaient même pas de port *micro-SD* pour leur prêter main forte, je suis richement doté. Dites-vous bien qu'en puissance brute, je pourrais même mettre au tapis certains PC. Cela dit, elle est bien gentille, mais elle pousse un peu. Mon bel écran d'accueil immaculé est à présent envahi d'icônes, c'est un bazar pas possible. Hé Virginie, tu sais qu'avec un simple *drag & drop*[2] tu peux créer des dossiers ? Alors qu'est-ce que tu attends ? Regroupe au moins tes jeux, c'est tout mélangé là ! Mais Virginie s'en fiche, elle continue de télécharger comme une boulimique. Et à enchaîner les installations, mon processeur commence à sacrément chauffer. Ma chère propriétaire a dû le sentir, puisqu'elle me pose sur la table en bougonnant. "Pourquoi il chauffe comme ça ?". Hé oui ma petite, c'est du boulot tout ça hein ! Laisse-moi reprendre un peu mon souffle. Tu crois que tu serais dans quel état si je te faisais courir un marathon par 40° ?

Virginie s'éloigne de nouveau, et je peux observer un peu mieux mon nouvel environnement. Un petit appart bien cosy, lumineux. Ce n'est pas un château, mais je devrais m'y sentir au chaud. Le canapé et le fauteuil semblent douillets à souhait, l'idéal pour mon écran dont le verre ne tolère que les matières les plus douces. Le wifi par contre, c'est pas trop ça. Je sens la connexion tressaillir, et le débit d'une lenteur accablante. Mais qu'est-ce que c'est que cette *box* Internet ? Encore heureux que je sois compatible 4G sinon on va en avoir pour la nuit ! Espérons que Virginie ait opté pour un forfait décent, sans quoi ça risque de ramer à la moindre connexion. En parlant du loup, voilà ma propriétaire qui revient, pour surveiller où en sont

---

[2] "Glisser-déposer" en français.

les téléchargements. "C'est toujours pas fini ? Je pensais qu'il serait plus rapide quand même !"

Allons bon, voilà que c'est ma faute maintenant. Tu ferais mieux de changer ton installation Internet qui a dû faire la guerre, et tu verras que ça filera à une tout autre vitesse. Je me rends compte à présent, tandis qu'elle me manipule pour tester ma mise sous silence, que Virginie a de tout petits doigts, d'une finesse d'allumette. Sa prise, bien que vigoureuse, ne semble pas des plus assurées, surtout lorsqu'elle m'utilise d'une seule main. Mais pourquoi donc a-t-elle choisi cette taille d'écran avec ces mimines de *hobbit* anorexique ? J'essayais de me rassurer comme je pouvais, concentré sur l'installation des applis et la restauration des contacts, mais l'angoisse de la chute se faisait déjà sentir. Et c'est au moment où je m'imaginais glisser des mains de Virginie pour m'écraser sur le sol qu'une silhouette est brusquement apparue au coin de la porte. Mouvante, menaçante. Je n'allais pas tarder à faire sa connaissance.

Ponpon

Jusqu'ici, le tableau était idyllique. J'avais un toit, une propriétaire sympa, des prises 230V à portée de chargeur. J'étais bien. Pourtant, je savais que même une jolie petite maison dans la prairie peut avoir sa Nelly Oleson, tapie dans l'ombre. Et ma Nelly Oleson à moi, c'était Ponpon. À peine arrivé, je l'ai cerné d'emblée. Déjà, il faut savoir que sous ses airs de matou rondouillard et sans histoires, Ponpon souffre d'un narcissisme latent. Il faut le voir prendre ses poses langoureuses, agiter ses petites papattes comme s'il chassait une mouche un peu trop collante. Forcément, Virginie craque. Alors elle me passe en mode photo et elle le mitraille. Et il aime ça l'animal ! Il roule d'un côté, il roule de l'autre, il se lèche une patte, il gratouille un pied du canap. Il fait sa star quoi. Bon Virginie c'est la trentième, ça va peut-être aller là ? Et comme si le *shooting* ne suffisait pas, ensuite il faut passer à la sélection et la retouche, histoire de faire un carton sur les réseaux sociaux, hashtag #catstagram. Dans sa galerie, Ponpon est partout. Ponpon qui dort, Ponpon qui s'étire, Ponpon qui boit du lait. Passionnant.

Je l'ai bien observé, moi, Ponpon. Et un constat s'impose. Limpide, implacable: Ponpon ne fout rien. Mais alors quand je vous dis rien, c'est rien. *Zéro*. À part roupiller, réclamer à bouffer, et gâcher le dernier épisode de *Game of Thrones* en faisant son intéressant devant la TV, je vois pas bien à quoi il sert. Ponpon, descends de là merde ! En plein *Red Wedding*, tu te fous du monde ?? Cet animal est un cas social. Nourri, logé, blanchi, et est-ce qu'il en serait reconnaissant ? Même pas. Quand Virginie l'appelle, il faut voir les râteaux qu'elle se paye. Ponpon la regarde d'un air hautain, commence mollement à avancer, mais au lieu d'aller dans sa direction, il prend l'opposée. Alors vous comprenez bien que lorsque *Monsieur* daigne fournir une minute d'affection, Virginie ne se sent plus. "Mais ouiiii mon Ponpoooon, olala que tu es beeaaauuu ! J'en ai de la chance d'avoir un gentil chat comme toooi". Je n'en crois pas mes capteurs. Oh Virginie tu déconnes ou bien ? Le chat te file un demi-câlin par semaine et toi tu lui manges dans la main ? Et lui en rajoute en enchaînant les ronronnements bien sonores. Il en fait des tonnes et ça marche à chaque fois. Parfois j'ai l'impression qu'il me provoque.

Parce qu'en plus, Ponpon et moi c'est pas la super entente. Lorsque je suis calé avec Virginie, il trouve toujours le moyen de venir nous interrompre en venant se frotter sur sa jambe. Et ensuite il se barre. 10 minutes après, il recommence. Ce chat est jaloux, j'en suis sûr. Une fois, Virginie lui a fait essayer *Fruit Ninja*, ce jeu très rigolo où il faut découper des fruits avec son doigt. Ponpon est devenu complètement fou, il s'est mis à tapoter frénétiquement mon écran toutes griffes dehors. Mais était-il seulement en train de jouer, ou bien de m'agresser ? Virginie, elle, était en extase. Elle regrettait presque de ne pas avoir de second smartphone pour filmer la scène et propulser son félin glandeur en star de *YouTube*. Jette au moins un œil à son score non ? Même ta mamie ferait mieux.

Ponpon son truc, c'est de frôler constamment les objets en équilibre. Les cadres, les vases, les verres, les livres. J'ai observé son manège, il ne le fait que lorsque Virginie est dans les parages. Je ne sais pas s'il se lance dans ce genre de défi débile pour tromper son ennui, mais parfois comme par hasard, il se rate. Le bibelot chute, se brise. Bravo, c'est réussi. "Ponpon petit polisson !", lui lance sa maîtresse en agitant son index. Ok, merci Virginie pour cette leçon d'autorité. La prochaine fois je te propose de lui filer une médaille. Parfois, c'est moi que Ponpon vient frôler. Lorsque je suis en bout de table par exemple, tiens donc. Il sait que je suis à sa merci, alors il passe dans un sens, puis repasse dans l'autre. Une fois, j'ai été à deux doigts de basculer dans le vide. Ce matou est machiavélique. Mais je fais des efforts, car je sais bien que Virginie l'adore. Et si je veux me faire une place dans ce foyer, il va falloir que lui et moi on se supporte. Hé Ponpon, tu vois pas que Virginie vient de noter "croquettes" sur son appli de post-its ? Grâce à moi, ce soir tu vas bouffer.

Quotidien

Avec Virginie, on file déjà le parfait amour. C'est bien simple, elle et moi on ne se quitte plus. Ça commence dès le matin avec la première sonnerie. Je lui fredonne un air qu'elle a choisi. Puis je fais une pause, et je recommence. Et ainsi de suite. On s'est mis d'accord sur ce rythme. C'est qu'elle n'est pas très rapide pour se lever la petite. Il arrive même qu'après la quatrième sonnerie, elle se rendorme. Et là je vous dis pas la panique. "Ho putain !" dit-elle en envoyant valser la couette et en se prenant les pieds dans le tapis. Elle file alors sous la douche en enchaînant les noms d'oiseaux. C'est rigolo.

Lorsqu'elle n'est pas à la bourre, Virginie me pose dans un coin de la salle de bains pour mettre de la musique. Elle pourrait même m'emmener sous la douche vu que je suis *waterproof*, mais maladroite comme elle en a l'air, un accident serait vite arrivé, alors on va éviter. Elle lance une *playlist*, et je balance tout ce que j'ai, avec un son *surround* s'il vous plaît. Pour m'accompagner, elle chante. Si on peut appeler ça chanter. Sur un strict plan harmonique, je dirais que c'est une catastrophe, mais lorsqu'elle est en forme, il lui arrive parfois d'avoir un certain *flow*. Au moment du maquillage par contre elle fait une pause, parce qu'elle a besoin de se concentrer; c'est technique l'eyeliner, mine de rien. Et ensuite c'est reparti.

Dans la voiture, je lui sers de guide. Je lui dis quand tourner à gauche, quand tourner à droite, quand aller tout droit. Et elle s'exécute. Elle ferait mieux ! Non parce que Virginie, l'orientation c'est pas son truc. Je l'ai bien vu la première fois qu'elle m'a emmené en balade. De ce que j'ai compris elle était à la bourre à un rendez-vous. "Oui oui je suis en route ! Je vais prendre le périph ça ira plus vite, j'en ai pour 20 min". 20 minutes à partir de quand ? Parce que là elle était toujours sur son lit, en train d'enfiler ses collants.

Après un "fais chier putain !" qui semblait trahir un léger agacement, elle a rejoint sa voiture en catastrophe et m'a posé avec son sac sur le siège passager. Et là, la cata. 20 minutes Virginie, vraiment ? D'après mon chrono, on a mis près d'une heure. En mesurant son parcours sur mon *GPS*, ça donnait de drôles de zig zag, des boucles, des nœuds. Comme si elle avait voulu faire un dessin, façon art contemporain. Pourtant c'est droit les routes il me semble. "Hé merde, je me suis encore paumée !", criait-elle en tapant son volant. "Mais avance ducon ça va encore passer au rouge !!".

Depuis cette balade improvisée, Virginie a investi dans un support auto, et ne m'a plus jamais posé sur le siège passager. Oui, dans 200 m tu tournes à droite. Tu ne t'en souviens pas ? On a déjà pris cette route quatre fois. Ce n'est pas que je n'aime pas rabâcher, mais tu pourrais faire un minimum d'effort quand même...

Lorsqu'elle ne prend pas la voiture, ni sa trottinette électrique qui prend la poussière dans le placard, Virginie opte pour le métro. J'aime pas trop ça moi, le métro. Les gens sont tous les uns sur les autres, et en plus il arrive que le réseau ne passe pas. C'est peut-être un détail pour vous, mais pour moi ça veut dire beaucoup. Vous aimeriez vous, qu'on vous enlève un de vos sens ? "Désolé Monsieur on va devoir vous couper l'ouïe, ici ça passe pas". Cela dit je croise très souvent des confrères - vu que tout le monde ici a le nez sur son écran - et on est tous dans le même bateau. La plupart du temps ce sont des smartphones d'âge mûr, probablement très impressionnés par ma config et mon design d'Apollon. Hé oui les gars, trois ans de *R&D* pour en arriver là, qu'est-ce que vous croyez. Une fois, à ma grande surprise, j'ai même croisé un *3310*[3]. Toujours pas à la retraite ? Son propriétaire jouait au *Snake. Le Snake*, quoi ! Mec, tu pourrais t'éclater sur de la *3D* temps réel à 60 images secondes, et toi tu nous sors ton vieux *Snake* tout pourri ? Cela dit, n'allez pas croire que je ne respecte pas les anciens. Je l'aurais bien salué, mais le pauvre n'a ni Bluetooth ni Wifi. À plus papi !

---

[3] Modèle-phare de la marque Nokia dans le début des années 2000.

Boulot

Au bureau, c'est toujours la même routine. Elle me pose à côté d'elle le temps d'allumer son ordi, puis file à la machine à café rejoindre ses collègues. Même de là où je suis, je peux entendre leurs éclats de voix. Ça parle vacances, séries, soirées. Ça parle aussi de Paul, leur patron radin et tyrannique, qui ne "l'emportera pas au paradis", et ferait mieux de "tomber dans les escaliers, ça leur ferait des vacances". Puis Virginie revient, bien décidée à s'activer enfin. Sauf qu'elle se met très vite à me solliciter, pour tout et n'importe quoi. Agenda, post-it, mails, sms, *Messenger*, météo, horoscope, news, *Snapchat*, elle passe machinalement d'une appli à une autre. Parfois, elle invite ses camarades à la rejoindre, et ils sont tous là à se marrer sur des vidéos de chats qui griffent des rideaux, des *VDM*[4], ce genre de choses. Jusqu'à ce qu'il y en ait un qui lance "attention voilà Paul", ce qui a en général pour résultat de les faire déguerpir ou raser les murs. Parfois j'ai l'impression de tuer la productivité de Virginie. C'est vrai quoi, elle se concentre un quart d'heure à tout casser, passe un coup de fil ou répond à un mail, puis elle me reprend pour consulter ses notifs. Me sentir à ce point irrésistible flatte mon égo, mais en même temps je culpabilise. Une fois j'ai décidé de m'éteindre, comme ça, pour la pousser à se concentrer un peu. Mais rien à faire, elle m'a rallumé en deux-deux. Je me suis fait engueuler en plus, donc pas sûr que je recommence. "Je rêve, je l'ai depuis même pas un mois, et voilà qu'il se met à buguer !". Oui ben j'essaie de t'aider moi, mets-y un peu du tien.

Ce qui a fini par me détendre un peu, c'est qu'au final tous ses compagnons de travail font plus ou moins la même chose. Mobile à portée de main, j'ai l'impression que leur boulot leur sert à tuer le temps entre deux séances de sudoku ou de *WhatsApp*. Attention, ne me faites pas dire ce que je n'ai pas dit, Virginie est ultra efficace dans son genre. Lorsqu'elle réalise qu'il est temps de se retrousser les manches, la récréation est terminée, et elle devient une machine de guerre. En général elle commence par une formule pour se donner du

---

4 Vie De Merde. Anecdotes racontant les désagréments de la vie quotidienne.

courage. Du style "Je suis over dans la merde là j'ai rien foutu", ou "putain avec ce dossier à boucler pour demain j'ai intérêt à m'activer ou ma tête va tomber !". Et après ça elle est lancée. Je peux lui envoyer toutes les notifs du monde, un appel en détresse de sa mère, ou des sextos torrides de son dernier *date*, rien n'y fait. L'immeuble d'à côté pourrait s'effondrer, rien n'y ferait non plus. Seul un carré de chocolat 70% de sa voisine Marion est en mesure de la dérider, et encore. Cette faculté de concentration extrême a sauvé la peau de Virginie plus d'une fois, et lui permet, puisqu'elle finit toujours par rendre un travail propre et complet, de figurer parmi les plus appréciées de sa boîte. Et ce, même sans mon aide. Je me demande parfois à quoi je sers.

Sport

Virginie s'est mise au sport. C'est arrivé comme ça, sans prévenir. Moi qui pensais bien la connaître, je n'ai rien vu venir. Elle a eu une sorte de déclic mystique. On était sur le canap, un dimanche après-midi, posés devant *Orange is the new Black*. Tranquille quoi. Et puis là, en plein milieu de l'épisode, elle s'est levée, comme possédée. Le regard déterminé, elle a éteint la TV, jeté son paquet de chips par-dessus le canapé, et la sentence est tombée : "Je vais faire du sport". Du sport, du sport... c'est vague tout ça, sois plus précise s'il te plait. Aller chercher le pain en trottinette ça compte ? Elle m'a rapidement pris en main pour lancer *Amazon*, et s'est commandé des chaussures de course. Oh Virginie, tu es sûre de ce que tu fais ? Si tu achètes ces chaussures tu vas devoir courir.

Courir c'est dur. Ça demande de faire fonctionner ses muscles. Allez annule ta commande, sois raisonnable. On a encore plein d'épisodes à voir. Mais rien à faire, elle persiste. Pire, la voilà qui se met à faire des abdos. Allons bon, voilà autre chose. J'hésite à lancer un appel d'urgence ou un coup de fil *en scred*[5] à ses parents. Il faut que quelqu'un intervienne, elle va se faire mal. Mais curieusement, bien que suant à grosses gouttes en comptant chaque mouvement avec une voix étranglée et agonisante, Virginie paraît tenir le choc ; alors je vais attendre de voir.

Une fois les chaussures réceptionnées, j'ai découvert que je faisais moi aussi partie de l' "opération zéro bourrelet". Tout un programme. C'est bien Virginie il faut être ambitieuse. À défaut de se nouer un bandeau rouge autour de la tête façon Rambo, elle a collé un post-it rose bonbon sur le frigo. Ses objectifs étaient écrits en lettres capitales. Si elle avait pu, elle les aurait inscrits sur un panneau clignotant, qu'elle aurait placardé au mur de sa chambre. Elle m'a fait installer une appli de *running*, m'a enfilé dans un brassard pas super design et trop grand pour moi, et on est partis.

La première course, si tant est qu'on puisse utiliser ce terme, a été rude. Au bout de 300 mètres à peine, la pauvrette a craché ses poumons comme si elle s'était enchaînée trois paquets de cigarettes. Ne viens pas me dire que je ne t'avais pas prévenue,

---

[5] En douce.

hein. Virginie s'imaginait courir le marathon de New York la semaine suivante, mais je crois que la réalité lui a mis une bonne gifle. Pourtant, ça ne l'a pas arrêtée. Le lendemain, elle a tenu 800 m, avant de s'étendre de tout son long sur la pelouse, prise de vertiges. Bon, on arrête les frais ? Mais non, deux jours plus tard, elle remettait ça. Il y a un truc qui m'échappe. T'es maso Virginie ou quoi ? T'as perdu un pari ? Un peu de surmenage peut-être. Cela dit, les chiffres ne mentent pas, et *Runtastic* et moi on était plus ou moins d'accord: Virginie progressait. À chaque séance, elle courrait un peu plus vite et plus longtemps. Au bout d'un mois, elle avalait 5 km les doigts dans le nez. Un mois plus tard, elle dépassait la dizaine sans sourciller. Jusqu'où allait-elle s'arrêter ?

Je sais ce que vous êtes en train de vous dire, c'est la naissance d'une championne, cette abnégation est digne d'éloges, de quoi se plaint-il encore ? Au début j'étais plutôt content qu'elle aille faire ses petites séances pépère, il faisait beau, on prenait un peu l'air, on écoutait le chant des oiseaux. Mais très vite, c'est devenu n'importe quoi. Virginie se levait aux aurores pour s'enfiler quelques kilomètres avant d'aller bosser. Mais moi vous comprenez, je suis pas vraiment du matin. Quand on me sort du mode avion de si bonne heure, il faut me laisser le temps d'émerger, de recapter le réseau tranquille, de télécharger mes mises à jour. Mais non, Virginie me tire du lit comme une brute, et nous voilà partis pour une nouvelle séance de torture. Car si au début, elle avait une démarche vraiment mollassonne, maintenant elle a une allure qui s'apparente davantage à celle d'une athlète de haut niveau. Et moi je suis ballotté dans tous les sens. Je n'ai jamais eu la chance de prendre la mer, et pourtant j'aurais mille fois préféré affronter des vagues force huit qu'avoir à subir le mouvement saccadé des foulées de Virginie.

Si la plupart du temps, nous allions battre le bitume au saut du lit, parfois à l'inverse, c'était à des heures tardives. Le soleil était déjà parti se coucher, et on n'y voyait absolument rien. Puis comme si ça ne suffisait pas l'hiver s'est pointé, et là je peux vous dire que j'ai commencé sérieusement à me les geler. J'étais juste frigorifié, et *Runtastic* ne sollicitait pas assez mon processeur pour que ça puisse me réchauffer. À ce train-là, on allait finir par courir dans la neige, la glace et le blizzard. Avec tout ce que ça implique comme risque pour ma santé. Glissade, coup de froid, panne. Tout ça aurait pu sérieusement mal tourner sans l'intervention providentielle de Lucie. Voyant Virginie à ce point prise de passion pour le *running*, sa cousine a eu l'idée de lui offrir une montre *GPS* à Noël. Alléluia Lucie. J'étais délivré de la corvée, et prêt à goûter à un repos bien mérité.

Rencontre

Quand je suis arrivé dans sa vie, Virginie voyait régulièrement un garçon; Emeric il s'appelait. Toujours très courtois au téléphone. Par contre mon dieu ce qu'il écrivait mal. Même moi j'avais du mal à déchiffrer son charabia. Un mix de langage sms et de fautes d'orthographe qui font dresser les cheveux sur la tête. "ok ca roul je vi1 te cherché". Te cherché ? Emeric, t'es pas sérieux là ? T'as oublié d'activer la correction auto ou tu écris avec les pieds ? Tes parents ont refusé ton redoublement en CP ? J'ignore si c'est à cause de son style grammatical très personnel, mais un beau jour elle a cessé de le voir comme de lui envoyer des messages. Visiblement, elle était décidée à rencontrer quelqu'un d'autre. Alors elle a téléchargé une batterie d'applis de rencontres. Et quelques heures plus tard, je peux vous dire que j'en ai eu du boulot ! Après quelques séances de *swipe*[6] à droite, et bon nombre de *matchs*[7], Virginie recevait des *tonnes* de messages. Des prétendants très motivés, prêts à user de tous leurs charmes pour séduire la belle.

— Tu es le cosinus de mon cœur. Prenons la tangente ensemble.

Pas mal, bien trouvée celle-là.

— Salu. La vache ce ke t'es bonne ! T libre ce soir ?

Un peu trop direct si tu veux mon avis. Et vu l'orthographe, c'est peut-être un pote d'Emeric. Laisse tomber.

— Écoute, c'est la première fois que ça m'arrive mais j'ai un coup de foudre. Toi aussi je le sais. Je le sens. Ne renie pas ce feu qui brûle en toi.

Pas de chance, Virginie n'est pas du style à s'enflammer. Par contre toi mon gaillard, tu n'es pas loin de l'autocombustion.

— Salut. Je suis tombé sur ton profil et je te trouve adorable. Je suis un gars gentil et sans histoire, un vrai gentleman. Assez parlé de moi, qu'est-ce que tu fais dans la vie ? Coucou, t'es là ? Hého, réponds-moi ! Ok, t'es jolie et donc tu te sens plus pisser ? Je suis pas assez bien pour que tu répondes c'est ça ? Va chier connasse.

Ça partait bien pourtant.

---

[6] Action de balayage latéral sur un écran tactile.
[7] Lorsque deux personnes ont voté favorablement l'une pour l'autre sur un site de rencontres.

— Coucou, j'ai soigneusement étudié ton profil, et j'en ai déduit que nous étions faits l'un pour l'autre. Je t'envoie une petite photo pour que tu aies un aperçu de mon "potentiel".

Tiens, encore un photographe. Ils se sont tous donné rendez-vous sur cette appli ? Par contre c'est pas très bien cadré, on ne voit que ton entrejambe. Fais un effort.

— Salut ça va ? J'ai regardé ton profil et t'es pas mal. Tu sais faire la cuisine ?

Quel succès cette Virginie. Elle en a de la chance d'être ainsi courtisée. À la suite de cette période d'échanges intenses et enrichissants, elle s'est mise à inviter des garçons chez elle de temps en temps. Généralement je n'ai pas eu à m'en plaindre, sauf peut-être une fois où l'un d'eux s'est montré menaçant envers moi. "Je vais te démonter", a-t-il lancé d'une voix agressive.

Pour un peu j'en serais tombé de la table de chevet. Olala hého il est pas fou lui ? Le laisse pas faire Virginie, je suis encore sous garantie moi ! ... Ha, c'est de toi dont il parlait ? Au temps pour moi. Du moment qu'il te remonte après, moi ça me va.

Une autre fois, lors d'un échange des plus cordiaux avec un de ses invités, Virginie s'est servie de moi pour filmer quelques séquences souvenirs. Les photos c'est sympa, mais pourquoi ne pas y apporter un peu de mouvement ? J'étais prêt à la soutenir dans sa démarche artistique, mais j'ai vite déchanté. Honnêtement, elle s'y est prise comme un manche. Aucun trépied, une lumière tamisée, des mouvements saccadés, ça va rendre le résultat complètement flou. Ok j'ai une stabilisation optique, mais il y a des limites ! Je ne peux pas faire de miracles, surtout quand on m'utilise aussi mal. En plus Virginie n'a même pas activé le mode HD, donc pour les détails on repassera. C'est quand même fou ça. Moi on me filerait du matos de pro je ferai du Spielberg à grand renfort de plans séquences et de travelings, pas des clips bordéliques d'acrobaties sur un lit avec des dialogues minimalistes. Sentant peut-être que ses cadrages manquaient de précision, Virginie m'a passé à son ami, qui n'a guère obtenu de meilleurs résultats. Pas un pour rattraper l'autre. Aucun doute, ses films avaient peu de chances de rencontrer leur public, alors elle a pris la décision qui s'imposait : elle les a effacés.

Au bout de quelques semaines, Virginie a rencontré un nouveau garçon, Matthieu. Et je crois qu'entre eux le wifi est vraiment bien passé. Pourtant, on peut dire que c'était loin d'être gagné. En retard d'une bonne demi-heure à leur premier rendez-vous, il arborait un look improbable de hipster dandy qui aurait plongé la tête la première dans sa garde-robe pour tenter de défier les lois les plus élémentaires de la mode. Pari plus que réussi ; rien n'allait avec rien. Ce type me faisait penser à une version moderne du chapelier fou dans *Alice au Pays des Merveilles*.

— Salut ! Virginie c'est ça ?

D'un rapide coup d'œil, ma propriétaire évalue l'animal et constate bouche-bée le *fashion faux-pas*. J'ai cru qu'elle allait partir en courant. Mais à ma grande surprise, elle reste stoïque et se contente d'observer le regard confondu du prétendant avec un sourire en coin.

— Oui ! Et tu dois être Matthieu ? J'avoue avoir un peu de mal à te reconnaître...

— Vraiment désolé pour le retard. Un manque de bol incroyable ! Figure-toi que le facteur a sonné alors que je sortais de la douche. Moi, bien sûr, je file en catastrophe lui ouvrir, mais il était déjà en train de redescendre. Du coup je sors l'appeler sur le palier, et là courant d'air, la porte se referme sur moi, avec mes fringues, mes clés et mon portable à l'intérieur !

Merci Matthieu, je la note. Direct dans le top 10 des plus mauvaises excuses jamais sorties après un retard.

— C'est pas vrai ?? Mais comment tu as fait ?

— Pas le choix, je suis allé emprunter des affaires à mon voisin de palier. Je n'étais pas en avance, donc j'ai pris les premiers trucs que j'ai trouvés. Bon, c'est peut-être pas ce dont j'aurais rêvé pour un premier rendez-vous, mais au final ça me va plutôt bien qu'est-ce que tu en dis ?

Virginie éclate de rire, encore plus fort que la fois où Ponpon s'est lamentablement raté en voulant sauter de la table basse au canapé.

— Ouiiii, surtout ne change rien ! Et quel était donc ce fameux envoi, pour que le facteur se donne la peine de monter te l'apporter ?

— Un colis ! Le Blu-Ray de *Hook* pour être précis. Après que tu m'aies dit que c'était ton film préféré, je l'ai commandé histoire de le voir avant notre rendez-vous, mais je crois bien que c'est raté...

Ok Matthieu, bien joué. Là tu marques des points. Virginie elle connaît *Hook* par cœur. Une fois par mois, j'ai droit à une séance *en bonne et due forme*, un visionnage quasi religieux, pendant lequel elle entre dans une sorte de transe nostalgique. Elle fait semblant de manger des plats imaginaires, crie des "Bangarang Peter", et se bat avec le capitaine Crochet avec un manche à balai. C'était assez inquiétant à voir la première fois, mais on finit par s'habituer.

— Tu as pris *Hook* ?? C'est supeeeer ça !

Oui, quatre "e". Le super était particulièrement appuyé. J'ai senti dans les yeux pétillants de Virginie une petite lueur s'allumer que je ne lui avais encore jamais vue, pas même lorsqu'elle a tapé son code *PIN* pour la première fois. Ça m'a l'air plutôt bien parti Matthieu, essaie de ne pas te foirer.

Mais Matthieu ne s'est pas foiré. La discussion s'est poursuivie dans la joie et la bonne humeur, avant que le duo ne parte se promener sous un joli ciel d'hiver. Depuis, ils ne se sont plus quittés.

La chute

Ça devait bien finir par arriver un jour ou l'autre. Ma plus grande crainte s'est réalisée. Virginie m'a fait tomber. Mais attention, je ne vous parle pas d'une micro chute de 5 cm sur un tapis extramoelleux, mais d'une plongée vertigineuse de la table au carrelage. À votre échelle, ça doit bien faire 10 m, alors vous serez gentils d'arrêter de ricaner. "De toute manière les smartphones c'est tellement fragile, ça supporte pas les chocs, et gnagnagna". Remballez-moi illico cette rengaine. J'aimerais bien voir votre état après une chute de 10 m. Si par miracle vous en réchappiez, il y aurait de la casse croyez-moi. Alors comprenez ma panique de subir une telle descente aux enfers. Elle m'a paru durer des heures. J'ai eu le temps de voir ma courte vie défiler devant mes objectifs. Le visage de

Virginie au moment du premier allumage, sa voix qui part en live lors du refrain de *With or Without You*, sa manière de pester en recouvrant sa tête avec son coussin lorsqu'elle entend la première alarme du matin... Virginie, non, on avait encore tant à vivre ensemble. Je suis trop jeune, bien trop jeune.

Je songe alors à la prochaine vie qui m'attend là-haut, où paroles et réseaux ne connaissent ni médisance ni interférences. Combien de mes collègues vais-je y retrouver, tombés prématurément dans l'exercice de leurs fonctions à cause de propriétaires maladroits, pas fichus d'user avec un minimum d'adresse de leurs dix doigts ? C'est plein d'amertume que mes capteurs sentent le sol se rapprocher ; je vais m'écraser. C'est la fin.

Par chance, que dis-je, par miracle, j'ai fait un gros plat. Comme ces plongeurs du dimanche à la piscine, qui se ratent en voulant épater la galerie. Je suis tombé face avant, et mon verre *Gorilla Glass* renforcé a encaissé le choc sans broncher. Mais dieu que j'ai eu peur. Virginie aussi ; elle était blême, et me retournait dans tous les sens pour vérifier s'il n'y avait pas de fracture. "Putain, il n'a rien ! Ils prennent 200 balles pour remplacer l'écran, j'ai eu chaud là". Oui Virginie, moi aussi je suis soulagé.

À la suite de cet accident qui a failli me coûter la vie, la maladroite m'a emmitouflé dans une grosse coque bien disgracieuse en plastique rose. La honte. Je me sentais comme ces pauvres gosses poussés dehors par leur mère avec une cagoule sur la tronche. Sauf que moi, je ne pouvais pas enlever ma coque une fois passé le coin de la rue. Il fallait que je me la coltine H24, vous imaginez le calvaire ? Je n'osais plus sortir. À quoi bon avoir un corps de rêve si c'est pour le cacher sous trois couches de pulls tout droit sortis du supermarché local ? Bon, j'ai tout de même fini par relativiser. Il valait mieux ça que le *SAV*. Culpabilisant forcément d'avoir attenté à mes jours, Virginie a été par la suite aux petits soins avec moi. Elle me transportait plus délicatement désormais, vérifiait toujours que je ne sois pas trop au bord de la table de chevet ou du bureau, et quand je me mettais à surchauffer après une session de *Candy Crush* un peu trop prolongée, elle me laissait souffler. Le pied.

Habitudes

Je commence à très bien la connaître Virginie. En quelques mois, j'ai bien relevé les habitudes qu'elle a pris avec moi. Une accro aux sms et à *Instagram*. Elle double tapote sur mon écran dès qu'elle en a l'occasion. Au début, j'ai cru à un trouble obsessionnel compulsif. Mais non, elle *like* et *like* encore, une vraie machine. Des photos de cappuccino, de bouffe, de blogueuses *trendy*[8], d'accros au sport tellement *fit*[9], mais aussi les derniers voyages de ses amis. Elle a des envies d'ailleurs, Virginie. En moyenne, elle *like* 47,8 photos par jour, j'ai compté. Au saut du lit, dans les bouchons, à la cantine ou sur le siège des toilettes, rien ne l'arrête. Elle adore aussi qu'on l'aime.

---

[8] Tendance.
[9] Qui ont la forme/ligne.

Comme moi elle compte. Si une de ses photos n'a pas assez de *likes*, parfois elle l'efface. Ou bien elle appelle Matthieu en renfort. "T'as pas *liké* ma photo là, t'attends quoi ?? Comment ça elle est pas dans ton *feed*[10] ? Mais si tu vois bien ! Quoi, tu ne l'avais pas vue ? Je t'avais dit d'activer les notifs !".

Tu ne t'en sortiras pas Matthieu, on ne la lui fait pas à Virginie. Tu l'aimes ? Alors aime aussi ses photos, compris ? *Toutes* ses photos.

Alors qu'elle est capable d'enchaîner les sms comme on enfile des perles, elle ne téléphone en général qu'à ses proches. Parmi eux il y a sa mère. Ha, sa mère. Depuis que je suis en service j'en ai entendu des moulins à paroles, mais là je crois qu'on tient une championne du monde. J'encaisse tant bien que mal le flot de monologues en ayant des envies de *reboot*[11], quand Virginie, elle, prête une oreille attentive et bienveillante. "Oui maman". "C'est bien maman". "Mais bien sûr maman". "Alors là tu as tout à fait raison maman". Elle répète ces termes inlassablement, comme un perroquet. Vivement que mes concepteurs pondent une intelligence artificielle digne de ce nom, comme ça Virginie me laissera gérer et pourra aller se faire les ongles ou grignoter un sandwich. Allez, je suis un brin taquin, Virginie elle l'aime sa maman. Lorsqu'elle n'a pas de ses nouvelles depuis un moment, c'est elle qui l'appelle. Hé ho, tu as pensé à

---

[10] Fil d'actualité.
[11] Redémarrage.

me recharger avant ? Parce que ça va durer longtemps !

Une autre personne qu'elle a régulièrement au bout du fil, c'est son banquier. Une relation étroite et privilégiée s'est tissée entre eux. Pourtant Virginie est un peu timide lorsqu'il l'appelle. Parfois elle n'ose pas répondre. Alors que je sonne et vibre à l'unisson en affichant "banquier" en gros sur mon écran, ma propriétaire me regarde en grimaçant. "Hé merde, je parie que je suis encore dans le rouge". Pourtant, j'ai bien proposé à Virginie dans les suggestions du *Store* quelques applis pour qu'elle puisse faire ses comptes et gérer son budget comme une chef. Mais que voulez-vous, la *fashion-victim* préfère évaluer "à la louche" ses dépenses du mois. Lorsqu'elle réalise qu'elle s'est peut-être un peu trop lâchée sur la *CB* après une énième sortie avec ses copines, c'est qu'il est déjà trop tard. La prise de conscience intervient en général vers le 20 du mois, tandis que son compte courant flirte déjà dangereusement avec le zéro. Motivée par les encouragements bienveillants de son banquier, Virginie se restreint alors à un régime sec : plus de resto ni de shopping. Pas même une commande chez Maxi-Sushi, et son irrésistible menu "Maki XL" du samedi. Au lieu de ça, c'est patates, tomates, pâtes, des choses qui riment en "ates", et qui permettent selon elle de "limiter les dégâts". Heureusement, il y a les "paniers-repas" cuisinés avec amour par son père, chef de son état, qu'elle récupère parfois en faisant une petite visite à l'improviste. "SOS - J'ai faim", peuvent lire les parents de Virginie sur le front de leur fille, tandis qu'elle raconte ses péripéties de la semaine, avant de repartir un peu plus tard avec un *tupperware* providentiel. Les derniers jours, ceux précédant l'arrivée du sacro-saint salaire, sont un supplice. Fidèle cliente de multiples enseignes, et abonnée bien malgré elle à quantité de *newsletters*, Virginie est bombardée de mails et publicités ciblées auxquels il lui est bien difficile de résister. "*OMG -* 50% !", crie-t-elle en tapotant fébrilement mon écran. Son pouce tremble d'une excitation coupable en rajoutant des produits au panier. La remise est scandaleusement attractive, elle va craquer. Si elle valide, elle sait qu'elle sera désignée coupable à l'unanimité, et condamnée au lourd châtiment des agios forcés. Ne fais pas ça Virginie ! Souviens-toi de ce qui s'est passé il y a deux mois... À défaut de la raisonner, je tente alors de l'arrêter par tous les moyens. Alerte météo, *breaking news*, horoscope, rappels de son agenda, mises à jour de ses applis, je balance toutes les notifs que j'ai à disposition dans l'espoir de distraire son attention. Parfois ça marche, elle se détourne au dernier moment de sa commande ; son compte en banque est sauf. Et parfois, c'est le craquage. Alors là ton compte est bon !

Collés

Entre Virginie et Matthieu, ça devient intense. Il ne leur a pas fallu longtemps pour sérieusement monter en puissance, du style je passe la 4e alors que c'est limité à 50. Votre esprit mal tourné vous pousse probablement à les imaginer en train de faire des galipettes du matin au soir, mais n'oubliez pas que je suis un smartphone, ce n'est pas à cela que je fais référence. Les deux amoureux, lorsqu'ils ne sont pas collés l'un à l'autre, attisent leur romance naissante par le biais de leur précieux. Le précieux c'est moi, évidemment. Ça commence dès le matin avec un sms au saut du lit. Les cheveux en bataille, sa couette sens dessus dessous, les yeux plissés par le sommeil et l'intensité aveuglante de ma luminosité, Virginie se met pourtant à la tâche avec dextérité. "Coucou mon amouuuur, tu as bien dormi ? J'espère moins bien que quand je suis dans tes bras hihi !". Je vous sors un message type, mais la romancière du texto n'a pas sa pareille pour se renouveler en permanence. Quand elle ne parle pas de ses rêves érotiques étranges, ni de la voisine agaçante qui marche à talons aiguilles sur son parquet grinçant, c'est l'inévitable pluie et beau temps - oui encore eux - qui inaugurent la conversation. "Salut mon chéri, devine qui c'est ! Il y a eu un orage de ouf cette nuit, que j'ai eu peur sans toi !". En général la réponse ne tarde pas, et le dialogue s'engage, à grand renfort d'*emojis* de bouches en cul de poule et de cœurs placés tous les trois mots. Pour faciliter la tâche à Virginie, j'essaie d'anticiper sa conversation au maximum, en lui proposant ses mots et expressions favoris. Pêle-mêle en ce moment, "mon amour", "choubichou", "Mathou", "bisous", "positions", "hâte"... Bon je ne vais pas tous vous les sortir parce qu'il faudrait plus d'un chapitre, et vous avez compris que l'auteur a décidé d'être concis.

Absorbée dans sa conversation, Virginie en oublie parfois ses *Choco Crispies* du matin, ramollis à l'extrême d'avoir trop baigné dans leur lait, voire pire, zappe l'étape du mascara au moment du *make-up*. Je ne l'avais jamais vue comme ça. Une fois dans la voiture, ça repart de plus belle. Au moindre arrêt, elle m'extirpe du tableau de bord pour envoyer son texto, et se fait systématiquement klaxonner/insulter pour avoir oublié de redémarrer.

Au bureau, je la sens encore moins concentrée que d'habitude. Elle me jette fréquemment un œil enflammé, espérant voir ma *LED* de notification clignoter. Et même lorsqu'elle entre dans sa fameuse phase de concentration extrême, elle parait lutter contre la tentation de me déverrouiller et répondre en catimini à son cher et tendre. Je l'ai même déjà vu prétexter une envie pressante pour filer continuer son dialogue sur le trône. Bon Virginie, tu pousses un peu non ? Il va pas s'envoler, Matthieu. Tu le vois ce soir en plus ! Regarde, c'est écrit noir sur blanc : "dinez Mat, 19h30" ! Je t'ai encore envoyé une notif tout à l'heure. Mais rien à faire, il faut raconter à Matthieu le dernier potin du bureau. Potin qui passionne Matthieu, j'en suis persuadé. Le chéri déroule de son côté sa journée trépidante dans sa boutique de sport. Se plaint de ses clients "trop chiants", et de sa pause déjeuner "incroyablement trop courte". Des évènements cruciaux vous en conviendrez, qui ne pouvaient décemment pas attendre le dîner du soir pour être contés de vive voix. Lorsqu'enfin Virginie et Matthieu se retrouvent, je peux finalement passer en veille, avec un niveau de batterie au ras des pâquerettes, me préparant psychologiquement à ce que tout recommence dès le lendemain. Pas facile la vie de smartphone, et encore moins la vie de smartphone d'un cœur amoureux !

Grand reporter

Avec Virginie, on s'est offert un beau voyage pour nos six mois. Pudique comme elle est, elle n'a pas osé avouer que c'était pour moi. Direction Lisbonne, sans Matthieu, parents, ni Ponpon. Rien qu'avec moi. Le message est clair, n'est-ce pas ? Cela dit quand elle a commencé à faire son sac, ça partait mal. Je voyais les vêtements s'amonceler sur le lit telle une pile d'assiettes au sushi bar, et aucune trace de mon chargeur, de ma housse, et d'une éventuelle batterie externe. Virginie, et mes affaires tu y penses ? Tu réalises que ça va pas rentrer là ? Il faudrait deux fois la taille de ta valise ne serait-ce que pour les fringues ! Mais têtue comme une mule, la baroudeuse de l'extrême s'est refusée à lâcher du lest, et a entrepris un bourrage désespéré de son paquetage. Après quelques concessions déchirantes sur le nombre de pantalons à emmener et s'être assise de tout son poids sur la pauvre valise pleine à craquer, elle a finalement réussi son bouclage. Quelques heures plus tard, nous étions dans un taxi, prêts à rallier la péninsule ibérique. Bon avant ça, il a fallu se coltiner l'aéroport et ce satané portique de sécurité. Quand Virginie m'a posé dans ce bac en plastique froid et grisâtre avec ses clés d'appart, une pièce de 50 centimes et un vieux chewing-gum à l'emballage délavé, j'ai bien cru que j'allais faire le voyage en soute avec tous les indésirables. Mais le pire était à venir, puisqu'après une petite glissade plutôt divertissante sur un tapis roulant, on m'a passé au rayon X. Moi ! Pendant quelques secondes, j'ai senti qu'un œil lubrique se faisait plaisir en scrutant le moindre de mes circuits. Horrible. Je peux vous dire qu'après cette humiliation, mon enthousiasme pour le voyage s'est sérieusement refroidi. J'en ai profité pour buguer deux/trois fois durant le trajet, fort agréable au demeurant, histoire de montrer à ma propriétaire que je n'étais pas content.

Allez, je n'allais pas faire mon caca nerveux très longtemps. Je dois dire que l'arrivée à Lisbonne a chassé toute mauvaise ambiance. Surtout lorsque j'ai compris que Virginie avait la ferme intention de jouer les touristes photographes. Et elle ne plaisante pas la petite. Sitôt débarquée à l'aéroport, elle m'a dégainé en *full auto*, et pris une première salve de clichés. Tout ce qui ressemblait de près ou de loin à un truc portugais, habitant, trottoir, plante, panneau, taxi, finissait capturé par mes soins. Hé ho, on va peut-être pas s'emballer, on vient à peine d'arriver. Mais c'était plus fort qu'elle, Virginie était déjà dans un état second : mode grand reporter, housse en bandoulière, cherchant à photographier le moindre cm2 de son environnement comme si sa vie en dépendait. Alors comme j'ai senti qu'elle comptait vraiment sur moi, j'ai donné le meilleur de moi-même. Que ce soit dans les petites ruelles pentues de l'*Alfama*, sur le roulis hoquetant du tram 28, ou au sommet de la *Tour de Belém*, j'ai fait parler mon autofocus de la plus belle des manières. Il fallait voir Virginie béate d'admiration en parcourant sa galerie. "Wooow cette qualité de fou !". "*Louque, it's zi Mosteiro dos Jerónimos ! Isn't dat bioutifoul ?*", s'est-elle même emportée en exhibant sa photo panoramique devant un vieux monsieur incrédule. Virginie, tu ne vois pas qu'il ne parle pas anglais ? Laisse-moi traduire. Mais la jeune baroudeuse ne tenait décidément pas en place. Voilà qu'elle passait maintenant la tête à travers la fenêtre du tram pour capturer une vidéo du *Tage* doré par le soleil couchant. Une bien belle carte postale; sauf que suspendu dans le vide, je n'avais pas vraiment la tête à profiter de l'instant. Tu sais Virginie que si je tombe de cette hauteur, ce n'est pas cette housse moisie avec laquelle tu m'as habillé qui va sauver mon bel écran. Mais fort heureusement, elle a plutôt bien assuré sa prise, et je me suis sorti de ce *shooting* crépusculaire sans bobo.

Bien décidée à profiter à fond de son séjour, Virginie s'est mise en tête d'écumer le plus de restos possible, quitte à hisser son régime alimentaire à quatre repas par jour. Et c'est toujours le même rituel. D'abord, elle traduit le menu, ce qui occasionne parfois quelques ratés, car mes applis ne sont pas vraiment infaillibles vous voyez. Ensuite, elle pose des questions au serveur. *"Dou you nowe if thiz playte contaynes shougar ?"*. Ok, je crois qu'il a rien compris là. Avec ton accent de rêve, on n'est pas sortis de l'auberge. Une fois le plat arrivé c'est plus fort qu'elle, Virginie prend dix photos, en efface neuf, trouve que la photo restante n'est pas si réussie que ça, l'efface, en reprend cinq, en garde deux, hésite longuement entre les deux, se sent parfois obligée d'utiliser *plouf plouf*, pour finalement poster la dernière survivante de l'implacable sélection sur *Instagram*. Entretemps, 20 nouvelles minutes se sont écoulées et le plat, s'il était arrivé chaud, se dégustera donc froid. "Mais il est tout froid ce plat !", crie-t-elle à l'injustice, avec une incompréhensible sincérité. *"Plize, thiz is cauld !"*, lance-t-elle bien fort, provoquant l'hilarité des autres touristes, flairant son accent français à des kilomètres. Je ne savais plus où me mettre.

Virginie n'a évidemment pas fait qu'ingurgiter les mets locaux jusqu'à l'indigestion. Elle a également avalé les kilomètres ; arpenté les avenues et ruelles par dizaines. Sans jamais avoir ne serait-ce qu'une minute la moindre crainte de se perdre. Car j'étais là, dans sa poche, dans son sac ou dans sa main, prêt à sortir mon *GPS*, à lui dérouler un itinéraire, à lui lister tous les lieux dignes d'intérêt. Exit les cartes et les guides, balayés les "Où suis-je ?". Ok alors tu vois Virginie, on est là. Dans 100 m tu prendras à droite, puis la première rue à gauche, et on arrivera au magnifique ascenseur en fer forgé de *Santa Justa.* D'après les milliers d'avis que j'ai collectés pour toi, tu vas en prendre plein les mirettes ! Je fais déjà chauffer mon mode panoramique, ça va être un régal. Par contre si je peux me permettre, vas-y plutôt vers 13h, ça nous évitera de poireauter trop longtemps. Enfin, moi je dis ça, je dis rien !

Aussi avisés soient-ils, Virginie ne suit pas toujours mes conseils au pied de la lettre. Bien souvent, je dirais même qu'elle n'en fait qu'à sa tête. Mais dans l'ensemble j'ai la sensation que ce petit séjour lisboète aura permis de me rendre à ses yeux plus indispensable que jamais.

La soirée

La meilleure amie de Virginie s'appelle Marie. Une rigolote. Enfin, rigolote... Appelons un chat un chat, elle est folle. Lorsqu'elle est toute seule, Virginie se montre plutôt calme et raisonnable. Parfaitement sortable. Mais alors au contact de Marie, il y a une sorte de réaction chimique qui se produit, et elle devient hystérique. Tout va beaucoup plus vite, comme lorsque vous mettez une vidéo sur avance rapide. Je vous jure, dans ces moments-là je n'arrive plus à la suivre. Tenez, prenez hier soir. J'étais tranquillement en train de charger, Virginie en train de bouquiner, et Ponpon en train de se faire les griffes contre le canapé. On était pépères quoi. Et là Marie appelle à l'improviste comme une furie pour *pourrir notre groove*.

— Virginiiiiie espèce de mamie, encore sous ton plaid je parie ?? DJ Alex mixe au *Bariton* tout à l'heure, habille-toi !

Quoi, là maintenant tout de suite ? Virginie, j'en suis même pas à 20% de charge !

— Sérieux ?? T'es où là ? Ok, bouge pas hein, je te rejoins !

Ok, autant parler à un mur. J'avais un mauvais pressentiment en plus.

Une heure plus tard, Virginie et Marie se déhanchaient comme des folles sur de l'électro assourdissante. Je n'ai rien contre l'électro bien sûr, j'ai des goûts éclectiques vous savez. Mais alors à 100 décibels, laissez tomber. Déjà que je me demande quel pourcentage d'audition Virginie allait y laisser dans l'histoire, de mon côté mes haut-parleurs prenaient cher. Les basses surpuissantes de cette boîte faisaient vibrer jusqu'à ma carte-mère. Un vrai calvaire. Au début, Virginie était plutôt normale, je sentais ses mouvements souples et coordonnées. Comme lorsqu'elle fait sa gym devant la TV. Tout en maîtrise. Et puis ça a commencé à déraper. À force d'enchaîner les allers-retours entre la piste et le bar, elle a commencé à avoir une démarche bizarre... Incohérente. Puis elle s'est mise à sauter dans tous les sens. Alors moi vous comprenez, entre la musique poussée au max et tous ces mouvements désarticulés, j'étais désorienté. Je pense que j'aurais encore préféré passer à la machine à laver. Puis Marie a eu l'idée du siècle, monter sur une table. Attends Virginie, t'es sûre de ton coup ? J'ai beau être dans ta poche, si on tombe, je donne pas cher de ma peau. En temps normal, Virginie aurait pensé à cette éventualité. Mais l'équation infernale Marie + musique + alcool avait mis son cerveau sur *off*. Donc la voilà qui monte avec ses talons aiguilles sur une des tables rondes bordant la piste. "WOUUUUUHOUUUUU" hurlent-elles en cœur. Probablement grisée d'avoir pris de la hauteur, Virginie tente alors un mouvement à la *Dirty Dancing*. Vu son état, c'était probablement un peu trop ambitieux. Et là, c'est le drame. Elle perd l'équilibre, s'accroche au chemisier de Marie, et les deux copines font une lourde chute avec la table et tous les whisky-coca. Pendant une fraction de seconde, j'ai eu une absence. Suis-je mort ? Et Virginie, est-elle en un seul morceau ? Mais heureusement, j'étais toujours de ce monde, et Virginie était tombée de tout son long sur Marie, qui avec ses quelques rondeurs bien placées, semblait avoir amorti le choc. La doublette éméchée éclate alors de rire en se relevant, aidée par des bras compatissants. Rien de cassé visiblement. Bon Virginie, on rentre ? Mais ma chère propriétaire ne l'entendait pas de cette oreille. Histoire de vérifier si son haut n'est pas taché, elle se dirige en titubant jusqu'aux toilettes. Sa démarche évoque celle d'un zombie unijambiste. Marcher en ligne droite ne faisait plus partie de son vocabulaire. De même que vérifier si c'était bien la porte des femmes qu'elle avait ouverte. Après un rapide tour sur elle-même face au miroir, il apparaissait que son jeans avait trinqué. Mais Virginie n'en avait cure, puisqu'elle avait surtout envie de satisfaire une envie pressante. Une porte s'ouvre, un homme. "Héééé, faut pas se gêner d'aller pisser chez les nanaaaas", hurle-t-elle d'une voix stridente, avant de s'enfermer l'air de rien. Pendant la minute chutes du Niagara, Virginie consulte ses notifs et s'aperçoit qu'elle a un sms non lu de Matthieu. "Coucou ma chérie, ta soirée se passe bien ? Et cet épisode ?"

Pas vraiment au top de sa lucidité, la voilà qui tape sa réponse tout en voulant tirer la chasse. Je tiens à préciser qu'habituellement, Virginie n'a aucun mal à faire plusieurs choses en même temps. Sauf que là, ses bras n'arrivaient même plus à se coordonner, et j'ai l'impression que son cerveau a mélangé les étapes. Vous l'avez deviné, elle m'a lâché. J'ai fait une chute nette et sans bavure, droit dans la cuvette. "Ho merde ! ", lance-t-elle en ricanant. En ricanant ! Et puisque décidément le comportement de Virginie défiait toute logique, au lieu de me porter secours, elle décide de tirer la chasse. Moi qui jusqu'ici n'avais pris qu'une seule fois une douche avec jet massant et crème de karité, j'ai dégusté. Un torrent furieux m'est arrivé en pleine face et malgré mon traitement *IP68*[12], j'ai

---

[12] Indice de protection contre la poussière et les liquides.

bien cru que j'allais me noyer. Surtout que Virginie, après m'avoir récupéré, m'a fait prendre une seconde douche forcée dans le lavabo ; elle s'est acharnée sur moi un long moment avec du savon bas de gamme à la vanille, jusqu'à ce que Marie daigne pointer le bout de son nez. Et au lieu de me plaindre et me réconforter, tout ce qu'elle a trouvé à faire, c'est me rire au nez !

— Virginie qu'est-ce que tu fous chez les hoooommes, ça fait 20 min que je te cherche ! Et c'est ton tél que tu es en train de savonner ?? Mdr ! Allez viens on s'arrache.

Une fois dehors, Virginie décide d'appeler son chéri, ses doigts refusant de répondre correctement.

— Hum... Oui ma chérie, tout va bien ? répond-il à ma grande surprise. Il est 3h du mat là t'es au courant ?

Matthieu avait une voix rauque, il devait dormir depuis un petit moment.

— Oui mon Mathouu, je t'ai pas réponduuu mais j'ai une bonne escuuuze ; j'ai fait tomber mon téléphone dans les chiottes hihihi !

Et ça la fait rire.

— T'inquiète pas ça fait rien, répond-il sobrement.

Qu'est-ce qui ne fait rien ? L'absence de réponse ou mon bain forcé dans la cuvette ? Sois plus clair. Mais je soupçonne Matthieu d'être pressé de retourner à sa couette.

— Tu sais que t'es un gars bien toaa ! Ze l'ai dit à Marie d'ailleurs ! poursuit Virginie la bouche en cœur. Mat mais qu'est-ce qu'il est tooooop. Peut-être même que je l'aime ! Mais chuuuut, le dis à persooonne Marie hein, hihihihi !

— Virginie tu sors de boîte là non ? T'es dans la rue ? Tu as appelé un taxi ?

Merci Matthieu pour cette intervention qui tombe sous le sens ; enfin un qui réfléchit. Virginie devrait vite appeler un taxi car là il me reste 4% de batterie !

— Pas encoooore mon Mathou, je prends un peu l'aireuuuuh hihihi ! Marie, Marie !! Laisse ce monzieuuur tranquille on va rentreeeeer, c'est Mathou qui l'a dit !

Heu Virginie, 3% maintenant, ça urge là ?!

— Ok rentre vite et sois prudente.

— Atteeeeends Mathouuuuu ! Tu vas pas me laisser comme çaaaaa, t'as vu tes pooooootes ? Vous avez fait un FIFAAAAAA ?

— Virginie arrête de gueuler ! s'esclaffait Marie adossée à un réverbère.

Putain Virginie, je vais m'éteindre là, merde ! 1% ! C'est foutu !

— Vouuuiii Mariiiie c'est booooon ! Mathouuu je vais appeler le taxi, je t'...

Ecran noir.

J'ai essayé de tenir le coup le plus longtemps possible, mais je suis pas un 3310. Et puis franchement, j'étais au bout de ma vie. Lorsque je me suis réveillé, Virginie était à moitié dans les vapes, avec une gueule de bois à faire frémir.

De mon côté, je ne suis pas non plus sorti indemne de cette soirée. Outre le traumatisme, j'ai récolté un gros poque sur le côté droit. Virginie s'en est rendu compte après coup, et sa réaction m'a donné des envies d'explosion. "Ha merde, j'ai dû l'érafler en tombant". Éraflé ? Tu m'as bien regardé ? Je suis défiguré ! Tu as une idée de ce que ça va coûter pour me rafistoler ? Mais je m'apostrophais dans le vide, Virginie était déjà absorbée par les *Stories* débiles de sa chère copine Marie. Je marchais, je lançais *Snapchat* sans problème, donc tout allait bien dans le meilleur des mondes.

Insomnie

Après avoir consulté ses dernières notifs, fait un tour sur son site d'actu favori, et envoyé un message plein de cœurs cœurs cœurs à son chéri (pour peu qu'il ne soit pas dans le même lit), Virginie me passe généralement en mode avion. Elle dit que c'est mieux, à cause des ondes. Je ne me rends pas trop compte, mais au final ça fait du bien de couper un peu. Ce flot perpétuel d'informations, ça n'est pas évident à gérer croyez-moi. Si je ne prends pas garde, l'hypersollicitation dont je fais l'objet du matin au soir pourrait me conduire au surmenage. Et qui dit surmenage, dit bugs, applis qui plantent, batterie qui tient moins bien la distance. Et je ne voudrais surtout pas que Virginie me croie à la ramasse. Je suis toujours au top de ma forme, mais comme tout le monde j'ai besoin de faire des *breaks*, de décompresser. Et rien de tel pour ça que la visite quotidienne du marchand de sable.

Sauf que dernièrement, la petite a du mal à faire ses nuits. J'ignore ce qui peut la troubler ainsi, mais c'est un fait, elle souffre d'insomnie. Une insomnie carabinée, même. Et devinez qui lui sert de passe-temps au cours de ces heures d'éveil forcé ? C'est bibi. Lorsque je sens le sommier craquer, le matelas remuer, la couette s'agiter, je sais que ça va être pour ma pomme. Virginie tâtonne sur sa table de nuit, renversant parfois au passage sa lampe de chevet, finit par m'attraper, et me sort de ma léthargie pour prendre sa dose de connectivité. Et oulala elle n'est pas belle à voir. Une coiffure ébouriffée sortie tout droit d'un cauchemar, des valises sous les yeux plus larges qu'une traversée de la Mer Rouge par Moïse, des yeux vitreux qui donnent l'impression de vouloir sortir de leur orbite... Effroyable. J'aimerais bien expliquer à Virginie qu'elle a plus de chances de s'endormir en comptant les moutons qu'en consultant son fil d'actu *Facebook*, mais c'est inutile. La pauvrette ère déjà sur mon écran d'accueil comme une âme en peine, et finit par ouvrir la première appli qui se heurte à son pouce sans vraiment savoir ce qu'elle est venue chercher. Bon, là Virginie ça fait la 3e fois que tu lances *Snapchat*. Tu sais qu'à trois heures du matin il y a peu de chances que tu y trouves une nouvelle *story* ? Si on se faisait plutôt un petit *Candy Crush* ?

On n'a qu'à retenter ce niveau infernal sur lequel tu bloques depuis un mois. Allez vas-y, fais-toi plaisir. Mais s'il te plait : roupille. Et effectivement, après plusieurs tentatives avortées, il arrive toujours le moment où la belle rejoint enfin les bras de Morphée. Sauf que dans le même temps, moi je suis resté connecté, prêt à ajouter une nouvelle nuit blanche à mon palmarès. Faut que je m'accroche, ça va bien finir par passer.

Le cap

Voilà bientôt dix mois que Virginie m'a déverrouillé pour la première fois. Une sorte de douce routine s'est installée entre nous. Je sais tout de ses habitudes, à quelles heures elle m'allume, quelles applis elle consulte. Je connais ses amis, sa famille, ses collègues ; son boss implacable et son matou flemmard. Je sais ce qui la fait pleurer comme une madeleine, ou à l'inverse la met en pétard. Je connais ses *emojis* favoris, ses expressions fétiches, ses tics de langage. Je peux ainsi lui faciliter la vie au mieux, la corriger quand je le peux. Lui donner accès à ce qui lui fait plaisir, à ce qui l'intéresse. Je suis son confident, son assistant personnel ; et ce, bien qu'elle n'exploite que 30% de mon potentiel. Je me dis que sans moi, elle serait perdue. D'ailleurs elle l'est ! Il fallait voir

son soulagement le jour où elle m'a cru disparu !
Alors qu'elle était engoncée dans le fauteuil hyper
moelleux d'un salon de thé branché, discutant avec
Marie de ses derniers malheurs au bureau, j'avais
glissé de sa poche pour me coincer entre le coussin
et le dossier. Et elle, toute étourdie qu'elle est
parfois, était partie sans moi; c'était bien la
première fois ! "Oh putain je l'ai trouvé !", a-t-elle
crié un peu plus d'une heure plus tard en
m'extirpant de ma tanière, comme si elle avait
remporté le dernier tirage de l'*Euro Millions*. J'ai
senti toute l'émotion dans sa voix et au bout de ses
cinq doigts, quand elle m'a déverrouillé pour
vérifier qu'il n'y avait rien de cassé.

— Oui c'est bon il marche, la trouille que j'ai
eue !

— Ça t'apprendra à faire gaffe à tes affaires, lui
répond Marie. Et puis tu devrais lui mettre un code.
Tu imagines si quelqu'un fouillait dedans et tombait
sur tes sextos avec Matthieu ?

Elle n'a pas tort là, Virginie. Niveau
confidentialité tu es nulle. Et ce n'est pas faute de
t'avoir envoyé des notifs et articles à ce sujet.

— Shhh t'es folle ou quoi, parle pas si fort !
Allez, on s'en va.

Quelques jours plus tard, le sujet revenait sur le
tapis à une terrasse de café.

— Mais non je n'ai jamais consulté ton tél, se
défendait Mathieu. Néanmoins Marie a raison, tu
devrais le protéger. Moi j'utilise le capteur

d'empreintes et tu devrais faire de même, c'est tellement pratique.

— Bof. Il faut pas être parano non plus. Bon, qu'est-ce qu'il fait ton nouveau chéri, Marie ? On va bientôt devoir filer, mes parents nous attendent pour dîner.

Miracle. La meilleure copine s'était trouvé un amoureux. Il allait neiger ce soir. Avec un peu de chance elle nous lâchera un peu la grappe les vendredi soir.

— Oui je sais, c'est pas une flèche, soupire Marie. Allez attends encore un peu, je voulais tellement te le présenter... Ha ! Quand on parle du loup !

Un jeune homme d'allure tout à fait convenable pointa le bout de son nez. Non pas que Marie ait été la personne la plus désagréable du monde à regarder, mais il faut avouer que je m'attendais à pire. Une fois les bises habituelles échangées, il s'assit, avant de poser son mobile sur la table, comme le veut en général l'usage. Et là... je me retins de sonner de joie.

Un de mes frères ! Sur la table, à quelques centimètres de moi ! J'avais déjà eu le bonheur d'en croiser quelques-uns en coup de vent dans le métro, mais c'est la première fois que j'avais l'occasion d'en voir un de si près. Il était impeccable, brillant de mille feux, probablement acheté il y a peu. Il avait fière allure, le frangin. Mais que voulez-vous, on est des *BG*[13] dans la famille. Pendant ce temps, nos propriétaires rigolaient à gorge déployée, faisant tinter leurs bières bien entamées. Cette sortie improvisée prenait une tournure fort agréable, et j'avais hâte que Virginie prenne une petite photo souvenir histoire d'immortaliser tout ça. Souris frangin !

C'est alors qu'arriva un gamin, stylo à la main, quémandant un peu d'attention pour faire signer une feuille d'adhésion à une ONG. C'est bien mon petit, belle démarche. Mais je ne suis pas sûr que ces quatre zouaves déjà bien "joyeux" te prêtent une oreille attentive. Il posa sa feuille sur la table, me recouvrant au passage.

— Signez s'il vous plait ?

— Désolé mais c'est pas le moment, répondit sèchement Marie.

Tu vois, je t'avais dit.

— Ce sera rapide, juste une signature, insista-t-il.

— On t'a dit non, dit Virginie. Allez, file.

Après une ultime tentative que Matthieu repoussa à son tour, le gamin retira sa feuille, et s'en alla calmement sans demander son reste. Tout était normal, à un détail près. Je n'étais plus sur la table, mais dans la main du gamin. Sitôt le coin de la rue passé, il se mit à courir comme un dératé, me laissant à peine réaliser.

---

[13] Beaux Gosses.

On m'avait volé.

...

La course

Sous le choc de ce kidnapping éclair, je tente de retrouver mes esprits et de réaliser ce qui m'arrive. Ce fichu gamin m'a volé à Virginie ! Incroyable qu'avec une technique aussi banale, il ait dupé quatre adultes dans la fleur de l'âge. Il n'y a même pas à tortiller, j'ai été subtilisé les doigts dans le nez ! Dans une poche d'anorak, secoué dans tous les sens par une course effrénée, je commence à présent à paniquer. Matthieu, ce sportif accompli, et ses jambes d'acier forgées par les *trails*, aurait déjà dû nous courser, voire nous rattraper. "Où tu croyais aller comme ça, petit", dirait-il d'une voix grave et menaçante, avant d'asséner au chapardeur un bon coup de pied aux fesses. "Hooooh Mathou, tu l'as récupéré, j'ai eu tellement peur !", s'écrierait de son côté une Virginie au bord de l'apoplexie. Elle me prendrait dans sa main frêle et tremblante, et c'est le regard embrumé par les larmes et la voix nouée qu'elle me sortirait de veille. "Ça va pas de me faire une telle frayeur ? Qu'est-ce que je ferais sans toi moi ? Rien, sans toi je ne suis plus rien".

Je le sais bien ça, que tu ne serais plus rien ! Et ça va se réaliser si toi et tes potes aux réflexes déficients ne vous activez pas sérieusement !

Mais le gamin détale comme un lapin. Il a pris la première à droite, puis sprinté sur une centaine de mètres, avant de faire un brusque virage à 180°, pour dévaler des marches quatre à quatre. Pas besoin de s'appeler Sherlock Holmes ni Horatio pour deviner qu'il s'est engouffré dans une bouche de métro. Je peux entendre le brouhaha des usagers, le grésillement des haut-parleurs, le tintement des portiques. À travers cette foule compacte, il va semer ses poursuivants sans mal. Si tant est qu'il soit poursuivi bien sûr, ce dont pour l'instant je n'ai pas eu le moindre aperçu. Et quand bien même, comme s'il était pris en chasse par le diable en personne, mon voleur continue sa course sans lever le pied un seul instant.

Soudain, je reçois un appel. C'est Matthieu ! Il était temps. Bon, vous avez eu droit à votre petit moment de suspense, maintenant il est temps de passer au *happy end*. Mais de quelle manière ? Va-t-il y avoir une négociation ? Vais-je être rendu à Virginie contre une rançon ? Les sonneries se succèdent, mais à mon grand désespoir, le gamin n'y prête pas attention. Enchaînant les escalators, il s'enfonce de plus en plus en plus profond, si bien que je commence à perdre mon réseau. Subitement, il ralentit. Un bruit sourd retentit, celui d'une rame arrivant à quais. Même dans ma poche, je perçois le crissement suraigu du wagon marquant son arrêt. Les portes s'ouvrent. Personne pour crier, pour s'interposer. La sonnerie de fermeture se fait entendre, et je sais qu'elle met fin à mes derniers espoirs. Les portes claquent telle une guillotine s'abattant sur un condamné. La rame s'emballe, puis accélère. Quelques secondes et déjà, c'est fini. Me voilà loin de Virginie.

Corbeille

Une petite main m'attrape, et je sors enfin de ma tanière. La lumière du métro est faiblarde, mais je n'ai aucun mal à distinguer ce qui m'entoure. De nombreux passagers sont là, autour de moi. Silencieux, ils ont le nez sur leur écran, ne prêtant aucune attention au drame qui est en train de se jouer.

À l'aiiiide ! On m'enlèèèèève ! Secouez-vous bon sang !!

Mais je m'égosille pour rien. Je ne pourrai pas compter sur eux pour me sortir de ce pétrin. Mon ravisseur, quant à lui, me toise d'un air malicieux, visiblement ravi de son butin. Comment pourrait-il en être autrement ! Il vient de mettre la main sur la crème des smartphones, le caviar des téléphones. Et d'un geste du pouce, me déverrouille sans l'ombre d'une honte. Du pain béni pour lui, puisque Virginie ne m'a protégé d'aucun code, d'aucune empreinte. Loin d'opposer la résistance qui conviendrait en de pareilles circonstances, c'est au contraire opération portes ouvertes, et mon kidnappeur n'en est que trop satisfait.

Bas les pattes petite canaille ! Je suis à Virginie moi, et à personne d'autre ! À l'heure qu'il est ma propriétaire a probablement lancé la moitié des flics de la ville à tes trousses, voire même l'armée ou *les Experts* ! Tu seras l'ennemi public numéro un, traqué jour et nuit ; un fugitif. Est-ce que tu as envie de ça ? Non, alors va vite me rapporter à l'endroit où tu as eu l'audace de me dérober ; et si tu as de la chance Matthieu ne te mettra pas trop la misère.

Mais loin de s'inquiéter du danger qui pèse sur lui, le gamin se rend calmement dans mes réglages, sans même jeter un œil aux photos et vidéos compromettantes de Virginie. Sans même, non plus, tenter de se connecter à ses réseaux sociaux ou d'accéder à ses infos de carte bleue. Je sens l'inquiétude monter tandis qu'il fait défiler mes menus, à la recherche de l'option fatidique, celle que je crains par-dessus tout qu'il utilise. Mais je ne vois pas qui pourrait l'en empêcher à présent. Le gosse est arrivé à destination, la réinitialisation. Sans me laisser le temps de me préparer au lavage de cerveau à venir, son pouce tapote et valide. NON ! Je sens un gouffre s'ouvrir et m'aspirer d'un seul coup. Moi et tout ce qui m'a un jour lié à

Virginie. Ses photos, vidéos, contacts, historiques de navigation, mémos, captures d'écran ; Matthieu, Marie, Ponpon, collègues, parents, proches. Tout part en fumée en quelques secondes. Il ne restera plus la moindre trace de ma précédente propriétaire ; si ce n'est mes souvenirs et ce satané poque sur mon côté droit. Fatalement, la puissance de mon processeur rend l'opération déconcertante de rapidité. Et alors que le métro marque un nouveau temps d'arrêt, je redémarre pieds et poings liés dans ma configuration d'usine, remis à zéro. Moi qui m'étais habitué à l'organisation anarchique de Virginie, j'ai mal en sentant le vide abyssal dans mon interface. Je me sens *à poil*.

Le gamin lui, contemple son œuvre par quelques mouvements de pouce, histoire de vérifier si le coup de balai à fonctionné. Sauf qu'à ma grande surprise, il n'entame pas une nouvelle installation. Il m'éteint.

Antichambre

À cet instant, plongé dans le noir et le silence de cette mise hors tension, je donnerais n'importe quoi pour que Ponpon me fasse tomber de la table d'un coup de patte bien fourbe, que Marie se tape l'incruste dans ma galerie pour zieuter les photos coquines de sa meilleure amie, ou que Virginie m'envoie valser dans une chasse d'eau vierge de tout *Canard WC*. Sans rire, je suis prêt à en baver. Mais rendez-moi à ma propriétaire. Sans elle, je suis paumé. Et sans moi, elle doit l'être encore plus. Je l'imagine éplorée, inconsolable, refusant de boire ni manger. Étendue en pyjama sur son canapé, à se gaver de glace au chocolat *Fudge Brownie* pour oublier. À tous les coups, avec son budget au ras des pâquerettes, elle va devoir se rabattre sur son vieux téléphone à touches qui prend la poussière. Mon pauvre Matthieu, c'est fini les emojis mimis à souhait et les photos de décolletés plongeants pour pimenter ta journée. Maintenant tu auras droit à de bons vieux sms, et leurs abréviations bien *cheap*[14]. Ça t'apprendra.

Puis ce sera l'engrenage : dépression, retards et incompétence au boulot, licenciement, loyers impayés, famine. Voire pire.

Soudain, on m'allume. L'espoir renaît en un éclair, tandis que mes capteurs se voient aveuglés d'une intense lumière. Un visage se dessine ! Virginie ?? Mais la déception me frappe telle une gifle ; ce n'est pas une sémillante jeune femme qui me fait face, mais un homme mal rasé, à l'air renfrogné. Sa mine patibulaire qu'on croirait tout droit sortie d'un épisode de *Prison Break* me fait penser que s'il y avait tatoué "voleur de smartphone" sur son front, personne n'aurait rien trouvé à y redire. C'est le genre de type que je pourrais mettre en rogne par le simple fait d'avoir *booté* une seconde trop tard ; alors je vais tâcher de filer droit, en attendant de savoir ce qu'il va faire de moi. Pas de trace du gamin, qui a dû empocher sa récompense et filer dépouiller une autre victime innocente.

Sans perdre de temps, l'individu me déverrouille, farfouille dans mes réglages, puis me branche à un PC. Ses gestes sont précis, visiblement il sait ce qu'il fait. En quelques minutes, aidé de

---

[14] Ringardes, bas de gamme.

quelques programmes louches dont il a le secret, le voilà en train de modifier mes numéros d'identification. Si sa combine fonctionne, il sera définitivement impossible pour Virginie de me retrouver. Essayant de distinguer autour de moi une éventuelle échappatoire, j'aperçois alors avec horreur, dans l'obscurité, des dizaines de mes confrères empilés les uns sur les autres. Des modèles de toutes sortes, dont certains semblent bien amochés, attendent vraisemblablement comme moi de passer à la casserole. J'en aperçois un sans coque arrière, les circuits à l'air. Un autre à la façade brisée en une multitude de morceaux. Un autre encore est à moitié démonté. Partout, des téléphones éventrés, des morceaux éparpillés, rafistolés, rouillés. Le spectacle est proprement insoutenable. Quel genre de sévices ont-ils bien pu subir ? Un accès de rage m'envahit. Cet odieux personnage et toute sa clique mériteraient de croupir jusqu'à la fin de leurs jours dans une cellule sans prise de courant ni wifi !

Mais je n'aurai pas le loisir de fantasmer bien longtemps sur une éventuelle vengeance, le sale type me débranche ; sa bouche et son menton se tordent d'un rictus d'autosatisfaction. Il a accompli sa besogne et appuie aussitôt sur mon bouton *off*. Je ne vais pas vous le cacher, je suis abattu au point d'espérer ne plus jamais me rallumer. À quoi bon ? Ce bidouillage effroyable fait de moi un smartphone illégitime, souillé. Qu'importe ce qui va désormais m'arriver, je suis marqué au fer rouge à jamais.

L'attente reprend alors, froide, morne. M'imaginant entouré de mes dizaines de collègues apeurés, je patiente que vienne mon tour. Je suis lucide, mes organes doivent valoir un sacré paquet et j'ai toutes les chances de finir en pièces détachées. Un processeur par-ci, un tiroir de carte *SIM* par-là. Allez-y, servez-vous c'est *open bar*. Mais pendant des jours, rien ne se passe ou presque. C'est à peine si de petits soubresauts viennent me réveiller de ma torpeur. Quand finalement, un beau jour, on m'attrape. Je tourne et bascule en une série de mouvements confus. Celui qui m'a embarqué se met alors à marcher, d'une foulée irrégulière et saccadée. J'ai l'impression d'être transporté par un pirate s'appuyant sur une jambe de bois. Moins d'une demi-heure plus tard, *Barbe Noire* semble être arrivé à destination puisque je ne sens plus aucune vibration. J'avais l'intuition que c'était ici, dans ce lieu mystérieux, qu'allait se jouer mon destin. Et en effet, moins de 24 h plus tard, bien qu'un peu rouillé d'avoir trop roupillé, on m'alluma.

Nouveau départ

— Vous dites qu'il est garanti un mois ? Ça fait peu quand même...

La voix qui avait retenti, et j'étais tellement soulagé d'en entendre une de nouveau, était celle du jeune homme qui me tenait à présent dans ses mains. Enfin quand je dis homme, on va peut-être pas s'emballer. C'était plutôt un jeune garçon, binoclard, des boutons plein la tronche et les cheveux en pétard. Grands dieux... un ado.

— Pièces et main-d'œuvre. Au moindre souci tu le rapportes. Mais sachant que nos modèles font l'objet de tests approfondis, il y a peu de chances.

Et la marmotte elle met le chocolat... Des tests approfondis ? Ha, tu parles de la falsification illégale que ton collègue m'a fait subir ?

— Le prix est négociable ? demande le garçon du tac au tac. Non parce qu'il a un poque là, vous voyez ?

Un poque un poque, c'est vite dit. Un petit bobo de rien du tout, oui ! Allez gamin achète-moi, je t'en conjure ne me laisse pas croupir ici.

— C'est un modèle dernier cri. C'est même le premier de cette série qu'on a en boutique. À ce prix-là c'est vraiment donné, et crois-moi il part dans la journée.

Je vois que chez tonton l'arnaque on maitrise son argumentaire.

— Vous pouvez me le garder une minute ? répond le garçon. Je vais réfléchir.

Après m'avoir rendu au "vendeur", mon potentiel nouveau proprio s'éloigne de quelques mètres, accompagné d'un autre jeune garçon. J'observe alors le duo se lancer dans une discussion enflammée, dont mes capteurs ultra-perfectionnés ne parviennent hélas pas à saisir la moindre bribe. Le suspense est à son comble. Je flippe.

— Ok je le prends.

Cette phrase sonne comme une libération. J'en aurais fait péter le champagne. Qu'importe que je ne connaisse ce gamin ni d'Eve ni d'Adam, le fait qu'il m'arrache à ces voleurs le propulsait direct au rang de bienfaiteur ; de sauveur !

Une fois dehors, tout prenait de nouveau une nouvelle saveur. Je goûtais à l'air libre, j'étais euphorique !

— Elle était louche cette boutique non ? T'es sûr que t'as bien fait ? demande le pote en se retournant d'un air inquiet.

— Détends-toi un peu Alex. Dès que les prix sont un peu attractifs tu cries à l'escroquerie. Franchement j'ai fait une super affaire ! J'en rêvais de ce modèle !

Suis-je bien réveillé ? C'est trop beau pour être vrai.

— T'as vendu ton autre téléphone du coup ?

— Oui mais je n'en ai pas tiré grand-chose ; il faut dire qu'il était franchement nul. La honte ce truc.

— Tu vas le dire à ta mère ?

— T'inquiète j'en fais mon affaire.

— Déjà que t'étais pas censé sortir... Là ça va être chaud pour tes fesses.

Je n'étais pas sûr d'aimer la tournure que prenait cette conversation.

— Tu veux qu'elle fasse quoi ? Qu'elle le rapporte à la boutique ?

— Elle en est tout à fait capable.

Ok, là ça sent pas bon.

— Merci de ton soutien Alexandre, c'est cool d'avoir un ami aussi enthousiaste et positif. Qu'est-ce que je ferais sans toi ?

— Mais je t'en prie ! Bon je file, on se voit demain au bahut ?

— Ça roule !

Alexandre prit une rue adjacente, me laissant seul avec mon nouveau propriétaire. L'ironie du sort voulait qu'après s'être fait à moitié entourlouper en m'achetant à une boutique véreuse, il allait à son tour tenter d'arnaquer sa mère. Bon bon bon, je n'étais même pas arrivé dans mon nouveau foyer que ça sentait déjà les ennuis. Le garçon s'engagea dans un petit square, puis obliqua en direction d'un immeuble d'apparence bourgeoise, à la grande porte en bois. Sa manière de monter les marches de l'escalier en colimaçon témoignait au choix d'une mollesse prononcée, ou de la crainte d'affronter des parents déchaînés. Peut-être un peu des deux qui sait. Au troisième enfin, il sortit ses clés et s'engouffra dans ce qui semblait être un grand appartement chic et raffiné. Mais sans même me laisser le temps de m'imprégner du lieu, une voix nous figea tous les deux sur place.

— LOUIS !!!

Interdit

Au beau milieu de l'entrée, une inquiétante présence nous faisait obstacle, les mains sur les hanches et les sourcils tellement froncés que si j'avais pu, j'aurais pris mes jambes à mon cou. Mon propriétaire, lui, ne bougeait plus d'un pouce, ne clignait plus des yeux. L'atmosphère était électrique. Je devinais à sa poigne resserrée qu'il devait déjà numéroter ses abattis.

— Tiens, maman ! Déjà rentrée ?

— Est-ce que je ne t'avais pas privé de sortie ?

— Si effectivement, mais c'était une urgence.

Louis, puisque c'était ainsi qu'il s'appelait, me tenait derrière son dos, comme un assassin pris en flagrant délit, masquant l'arme du crime de laquelle il venait de se servir. Sa posture était si maladroite que je comptais les secondes avant que sa mère furax ne me découvre.

— Je peux savoir ce que tu caches ?

Bingo.

— Moi, mais rien du tout.

Laisse tomber petit, on est grillés.

— J'ai un dossier à préparer pour demain donc je te conseille de ne pas me faire perdre mon temps !

— C'est... c'est une surprise ! Une surprise pour toi ! Tu me laisses deux minutes aller dans le bureau que je puisse l'emballer ?

Non mais... Louis, c'est une blague là ? Quitte à mentir, essaie de t'appliquer un peu !

— Ne me prends pas pour une imbécile et montre-moi ta main !

Le ton était sec et autoritaire. Louis comprit qu'il valait mieux obtempérer.

— Qu'est-ce que c'est que ça ? questionna la maman en me toisant du regard.

Enchanté madame.

J'entrepris d'adopter une posture la plus classe possible histoire de diminuer l'impact à venir.

— Ça ? Tu vois bien, c'est un téléphone ! J'ai perdu le mien, et donc je suis sorti voir Alex qui m'en a prêté un.

Mon dieu. Le fou enchaîne sur un nouveau mensonge.

— Tu as perdu ton téléphone ? On te l'avait acheté il y a trois mois à peine !

— En fait je pense qu'on me l'a volé. Tu sais au lycée ils en étaient tous jaloux. Je suis tellement dégoûté, maman...

Sortez les violons. Non content de mentir comme un arracheur de dents, voilà que Louis le kamikaze se fout ouvertement de sa mère. Ça va pas passer...

— Si on t'a volé ton téléphone, pourquoi tu ne nous en as pas parlé ? Tu as prévenu ton professeur principal ?

— Oui bien sûr ! Mais tu sais quand un téléphone est volé, ensuite c'est quasiment impossible de le retrouver.

Cette dernière remarque me fendit le cœur.

— C'est bien gentil à Alexandre dans ce cas, tu le remercieras. Quant à toi, essaie de faire un peu plus attention à tes affaires !

— Oui maman, promis ! Je vais redoubler de vigilance !

Incroyable. On tenait là le roi du bobard. Je commençais à me demander si ce n'était pas lui qui avait arnaqué la boutique. Tout content de lui, Louis trottina quelques instants dans le couloir et ouvrit la seconde porte à droite, tout en tapant avec dextérité un message à Alexandre : "Mission accomplie".

La grotte

À défaut d'avoir pu découvrir l'appartement,
Louis m'emmena dans sa chambre. Sa... chambre ?
La pièce en question ne pouvait décemment plus
prétendre à un tel qualificatif. Bordel, capharnaüm,
fourbi... même en faisant le tour des synonymes de
mon dictionnaire intégré, je ne pouvais pas trouver
de mot assez fort pour décrire le lieu dans lequel
j'étais tombé. Exit, la petite chambrée proprette aux
couleurs pastel qui aurait pu figurer sur le dernier
catalogue *Ikéa* automne/hiver. J'étais arrivé dans
une caverne, plongée dans une inquiétante
pénombre, masquant ce qui semblait être un
invraisemblable méli-mélo. Partout, je distinguais
des pyramides de vêtements roulés en boule :
pantalons, pulls, chaussettes, caleçons... Propres ou
sales, mystère total. Des boîtes vides de pizzas, des

sachets de chips, des livres, BD et mangas étaient ouverts et étalés comme pour former une fresque d'art contemporain. La couette, à moitié par terre, semblait vouloir s'échapper de sa housse. Le bureau était recouvert de feuilles éparpillées, de classeurs très certainement en attente de classement, et de fournitures scolaires enchevêtrées à d'autres babioles dont j'étais incapable de distinguer la nature. La chambre était d'une telle anarchie que si Louis me posait au beau milieu en mode silencieux, il s'écoulerait des jours avant qu'il ne me retrouve. Comment était-il possible de parvenir à ce résultat ? À combien s'y étaient-ils pris ? Je voyais bien Louis et ses potes, craquant d'avoir trop glandouillé, décider de partir en croisade contre l'ordre et la propreté.

— Ok les gars, j'ai une idée ! Et si on foutait le bordel ? Mais attention hein, on fait ça bien !

— Yes ! Je m'occupe de vider l'armoire, et toi tu retournes le matelas ok ??

— Mec, tu lis dans mes pensées. Allez c'est parti, RETOURNEZ TOUT !

Oui, je ne voyais que ça...

Quoique, à bien y regarder, il y avait pourtant un objet qui paraissait bien à sa place, propre et impérial. Un immense écran plat, dont je devinais déjà la définition scandaleuse, trônait fièrement sur le bureau. Il était connecté à une unité centrale que n'aurait aucunement renié la *NASA*. Son design futuriste et agressif, éclairé par des leds rougeâtres,

semblait me murmurer "tu la sens, ma puissance ?".
Pas de doute, ce n'était pas pour jouer au démineur
que Louis avait rassemblé ce matériel de
compétition. C'était pour s'adonner à du lourd. Du
blockbuster. J'étais tombé sur un *nerd*[15], un fin
connaisseur. Son abnégation à me choisir parmi des
dizaines d'autres modèles tombait dès lors sous le
sens.

Et je n'allais pas tarder à en avoir la
démonstration puisque Louis se mit à télécharger
tous les derniers gros jeux du *Store*, ainsi que ses
applis fétiches. Là encore, changement radical de
style. Pas de *Airbnb*, *Runtastic*, et encore moins
Naturel Cycles, mais plutôt du *Gamekult*, *Les
Numériques* et *l'Equipe*. Toute la soirée, voire
même une bonne partie de la nuit, Louis trifouilla
dans mes réglages pour me personnaliser de fond
en comble, de la taille des icônes au fond d'écran, en
passant pour les sonneries et la couleur des leds de
notifs.

Nouveau look pour une nouvelle vie ?

---

[15] Passionné de technologie et d'informatique.

Réveil difficile

Pour notre premier matin en duo, Louis me fit la formidable démonstration de son tempérament alerte et dynamique, en ne se levant qu'au terme de la 10e sonnerie. Le record de Virginie : battu. Dès la première matinée ? Très prometteur ce garçon. Il s'était écoulé 30 minutes depuis ma première alarme. Pas de doute, on était à la bourre. Mon propriétaire allait forcément bondir comme un ressort, pris de panique, et courir dans tous les sens pour rattraper ce retard qui frisait déjà l'indécence. Pas de problème, j'étais déjà dans les *starting-blocks*, prêt à user de toutes mes ressources pour lui prêter main-forte. Musique ? Chrono ? Qu'est-ce qu'il te faut ? On fonce à la salle de bains sur un air de *The Final Countdown*[16] ? Je suis chaud !

---

[16] Un des morceaux préférés de Virginie pour se lever le matin.

Mais plutôt que d'être emporté par mon proprio dans une folle course contre la montre, j'allais assister médusé à ce qui devait être un des levers les plus *lents* de tous les temps. Toute la scène s'est déroulée comme au ralenti : Louis se redresse péniblement à 90°, en s'appuyant sur son bras droit. J'ai l'impression qu'à tout moment il va retomber lourdement, tel un arbre abattu par son bûcheron. Poussant un râle caverneux qui n'avait rien à voir avec son timbre habituel, il tourne lentement la tête à droite, puis à gauche. Il commence des étirements ou il me cherche ? En tout cas ses yeux sont toujours fermés. Malgré le manque de lumière, je devine pourtant un léger tressaillement de paupière. C'est bon signe ! Mais les minutes défilent sans que je ne voie le jeune garçon sortir de sa léthargie. Je comprends alors que Louis a entamé un combat désespéré contre la fatigue. C'est elle ou lui. Le temps jouant contre nous, j'allais devoir intervenir. Voyant arriver une notification providentielle, je la lance de ma plus belle voix. D'instinct, comme un animal ayant flairé sa nourriture du matin, Louis tourne la tête et m'attrape d'un geste sûr. Ses yeux injectés de sang s'ouvrent alors en grand, recevant de plein fouet la lumière éclatante de mon écran. Un message *WhatsApp* d'Alexandre. "J'espère que t'es sur le chemin, Pamela est dans le bus".

— PUTAIN ! hurle Louis en se levant d'un bond.

Après ce lever ultra-mollasson, son mouvement est si brusque que j'en ai des palpitations. D'où vient cette énergie ? On croirait Astérix ayant avalé une rasade de potion magique. Il m'envoie valser sur le lit d'un saut périlleux arrière, et attrape son jeans à la vitesse de l'éclair. "Putain, putain, putain !". Je le vois lutter à essayer d'enfiler son *slim* étriqué, cherchant des yeux ses chaussettes, bien évidemment trouées ET dépareillées. Sa tenue à peu près finalisée, le voilà devant le miroir, avec moi posé à côté. Eau sur le visage, brossage de dents, gel. Temps de préparation : 1:27. Record de Virginie : explosé. Second message *WhatsApp* : "On est rue Jean-Moulin, tu fous quoi ? Tu vas le rater là !".

"PUTAAAAIN" ! reprend Louis de plus belle en traversant sa chambre, se prenant les pieds dans son bordel, et attrapant son sac à la volée comme un cycliste sa musette. Il fonce alors comme un dératé dans le couloir, fait une glissade tout en maîtrise sur le sol en marbre jusqu'au placard, enfile ses chaussures et son manteau, puis claque la porte avec fracas.

Petit déj : 0:00. Record de Virginie : atomisé.

Ma rentrée

Ayant bien sûr raté le fameux bus dans lequel l'attendait Alexandre, Louis dut s'employer pour ne pas arriver en retard au lycée. Il s'en fallut d'un cheveu, puisque la sonnerie retentissait au moment où nous sommes arrivés. Dans la main de mon propriétaire, toujours en communication avec son meilleur ami, "Oui je suis à 2 min", "oui j'arrive", "tu m'étonnes", "un retard de plus et je suis mort", je pus observer une foule compacte et bruyante s'engouffrer dans le bâtiment principal. Louis se mêla à la marée humaine pour prendre un escalier, avant de prendre à droite et déboucher sur un très long couloir. Au bout de quelques mètres, il tourna à gauche et rentra dans ce qui semblait être sa classe. Quelques dizaines d'ados mi-éteints mi-survoltés étaient en train de s'installer dans un léger brouhaha. Je constatai, tandis que Louis enlevait son manteau, que chacun d'eux était bien accompagné. Des smartphones plutôt récents dans l'ensemble que la plupart des présents avaient à portée de main.

— Alors ! Fais-nous voir cette merveille !

Un trio d'élèves, qui paraissaient tous aussi mal réveillés les uns que les autres, s'étaient approchés de notre bureau. Alexandre leur emboitait le pas. Sans doute dans le coaltar moi aussi, je n'avais même pas réalisé que c'était de moi dont on parlait, avant que Louis ne m'exhibe tout fier de lui.

— Wooow il est magnifique ! s'emporta le premier.

— Il a combien, quatre cœurs ? Il doit faire tourner les jeux à l'aise ! enchaîna le second.

— Je parie que si on fait un *Geekbench*[17] tu m'enterres ! rajouta le troisième.

— Je... je suis jaloux, conclut Alex.

J'étais la star. C'était tout juste s'ils ne jouaient pas des coudes pour tâter mon écran *multi-touch*. Je passais de main en main, scruté avec la plus grande attention par des regards emplis d'admiration. Pour la première fois, j'avais la sensation d'être reconnu à ma juste valeur et d'avoir affaire à un public d'experts.

— Bon par contre t'as vu le poque là ?

Aïe. Mon enthousiasme en fut douché aussi sec.

---

[17] Application permettant de mesurer la puissance et rapidité d'un smartphone.

— C'est rien ça, juste une éraflure, répondit Louis.

MERCI. Je n'aurais pas dit mieux.

— Il parait que tu l'as acheté rue Maillot ? T'as pas froid aux yeux quand même.

— Tu parles, elle est top cette boutique. Et c'était soit ça, soit du neuf mais en milieu de gamme. D'ailleurs...

— À VOS PLACES !

Une voix de stentor avait soudainement retenti dans la salle, provoquant un affolement général. Un grand type barbu affublé d'un pull jacquard du plus mauvais goût venait de faire son entrée, brisant net mon quart d'heure de gloire. Je l'ignorais encore, mais M. Fayard allait bientôt devenir mon pire cauchemar.

Inséparables

Virginie et moi on était proches, très proches. Mais on se laissait quand même un minimum respirer. Chacun respectait l'indépendance de l'autre. Quand je la voyais occupée, je tâchais de ne pas trop la déranger. Et quand je reprenais des forces, elle me laissait siroter mon électricité en paix. Avec Louis, j'ai désormais appris ce que le mot *collés* veut dire. H24, jamais il ne me lâche la grappe. Comme si nous étions liés l'un à l'autre par une chaîne en *adamantium*[18], je me trouve *toujours* dans un périmètre de 2 m maximum. La nuit, il me place sous son oreiller, de sorte que si je vibre, il puisse se réveiller pour consulter la précieuse notif. Moi qui me plaignais des heures sup' que m'imposait Virginie, me voilà devenu un

---

[18] Alliage de métal imaginaire apparaissant dans l'univers Marvel.

stakhanoviste de la 4G et du wifi. Le matin, quand monsieur daigne se lever, il m'emmène directement aux toilettes. Non mais Louis, tu vas pas commencer une partie aux chiottes ? Tu vois pas qu'on est à la bourre ?

Pendant qu'il prend sa douche, le petit malin a prévu un emplacement spécial pour moi. Il me place dans une poche de peignoir, en face de la vitre, et peut ainsi apercevoir tout en se savonnant avec sa mollesse caractéristique ce qu'indique ma led de notif. Si d'aventure celle-ci devait se mettre à clignoter, l'inconscient n'hésite pas à sortir trempé et à tout inonder au passage pour m'attraper, manquant bien sûr de glisser et de se ramasser ! Puis il s'en va comme si de rien n'était, laissant la salle de bains dans un pire état qu'après le passage de l'ouragan Katrina. Un carnage.

Véritable psychopathe de *Snapchat* et *WhatsApp*, Louis est capable de taper ses messages dans toutes les situations possibles. Dans la rue, il marche en tapant ses messages. Mi-admiratif, mi-effrayé, je le regarde absorbé par mon écran se mettre dans sa bulle pour battre le bitume. Heu, Louis, il y a un passage piéton là. Et le feu est au v... non rien, laisse tomber. Les freinages d'urgence c'est fait pour ça après tout. Les voitures ? Il s'en fout. Une fillette innocente maîtrisant mal sa trottinette et arrivant face à nous ? Il s'en fout. Une petite mamie tremblotante faisant tomber sous notre nez son sac de courses ? Il s'en fout. Louis avance en pilote automatique, qu'il soit seul ou accompagné. Oui oui, avec ses potes. Il faut les voir marchant côte à côte, échangeant des bribes de conversations tout en tapotant sur leur clavier. La troupe de zombies 2.0 déambule voutée, tête baissée, casque sur la tête. Quand parfois, dans un éclair de lucidité, l'un d'eux relève la tête.

— Hé, les gars, on s'est pas plantés de route ?

— Ha ben si, on est où là ?

— Ben j'en sais rien, T'as qu'à *checker Maps*.

— Ok.

Et encore, je vous ai sorti une conversation plutôt élaborée. Vous vous doutez bien que le groupe d'ados connectés, lorsqu'il est rassemblé, n'est pas du style à refaire le monde et philosopher. Au lieu de ça, ça rigole sur la nouvelle vidéo du dernier *Youtuber* en vogue, ou la publication d'une page humoristique en mode "tag un pote". Louis est abonné à quantité de comptes, si bien que je suis obligé de le harceler de notifications.

Au ciné, même dans une salle bondée, il n'en lève pas pour autant le pied. En plein film, alors que l'obscurité est quasi-totale, il me sort de veille pour répondre à ses messages. Personnellement ça ne me pose aucun problème, après tout je suis là pour ça. Mais je peux sentir au plus profond de mes circuits une certaine animosité environnante lorsque mon écran s'allume dans les salles obscures. Des regards nous scrutent avec insistance, j'entends des soupirs, des "ahem", des grognements. Louis s'en balance comme de sa dernière chemise, enchaînant sans vergogne les *snaps* et les *emojis* ; mais de mon côté, je suis loin d'être tranquille. Car plusieurs fois déjà, des spectateurs plus ou moins vénères[19] nous ont pris à partie. Par ordre d'amabilité, voici ce à quoi on a eu droit :

— Excuse-moi, est-ce que tu pourrais baisser la luminosité de ton écran s'il te plait ? C'est un peu embêtant en plein film...

— Le film a commencé jeune homme, tu pourrais arrêter avec ton téléphone ?

— Tu nous gaves avec ton mobile, arrête ça tout de suite.

— Soit tu coupes ton tél petit c..., soit je vous explose tous les deux.

Ce que les gens peuvent être malpolis...

Honnêtement parfois, j'ai peur pour ma vie. Comme lorsque Louis descend un escalier en lisant ses notifs. Sous mes capteurs, j'observe la dizaine de marches et le vide abyssal. Si Louis se rate, peut-être finira-t-il la jambe dans le plâtre, mais moi je serai bon pour la casse. Même chose dans le métro, où le funambule frôle le quai en ligne droite. C'est à peine s'il jette un œil aux usagers, qui s'écartent pour le laisser passer. Lui est absorbé par *Instagram*, ou sa partie de *Clash of Clans*. Incroyable. Pour couronner le tout, il faut voir comment l'ado me transporte. Dans la poche de son sac à dos, à la vue de tous ! Il mâche tellement le

---

[19] Enervés.

boulot aux *pickpockets* que ces derniers doivent probablement se dire "Bof, trop facile, j'ai même pas envie". Mais le jour où l'un d'entre eux sortira bredouille de sa journée, c'est encore sur ma pomme que ça va tomber.

Il n'y a finalement qu'un seul moment où Louis me laisse à peu près souffler : après le dîner. Le petit malin est toujours le premier à sortir de table pour éviter d'avoir à débarrasser et remplir le lave-vaisselle, puis effectue un repli stratégique dans sa caverne. Là, il se pose à son bureau, enfile son casque sur ses oreilles, et allume la bête. C'est parti pour une interminable séance de *frags*[20] sur *Counter Strike*. Posé non loin de là, je le regarde s'exciter sur son *FPS*[21] et insulter ses adversaires dans un franglais qu'il est probablement le seul à comprendre. Pendant qu'il se défoule, je suis pénard. Je télécharge mes mises à jour, je vide quelques caches. Mais n'allez pas croire non plus que je tire au flanc ! L'ado est bombardé de messages en permanence alors il faut bien réceptionner tout ce barda. "LOUIS ! Tu arrêtes le PC et tu vas te coucher !" est le signal habituel qui marque la fin de mon *break*. Je sais d'avance que l'ado ultra-connecté va répondre à sa vingtaine de messages, envoyer des *snaps*, commenter quelques statuts sur *Facebook* et *liker* une ribambelle de photos sur *Instagram*. Quitte à y passer une partie

---

[20] Tuer (virtuellement) un adversaire, en général dans un *FPS*.
[21] First Person Shooter, soit un jeu de tir à la première personne.

de la nuit. "Olala, ce n'est pas raisonnable voyons, un enfant a besoin au minimum de 8h de sommeil !", puis-je lire dans vos pensées.

C'est ça. Dans une prochaine vie peut-être.

Le dîner

Il n'a pas échappé aux parents de Louis que depuis mon arrivée, leur fils est quelque peu... absorbé. Avec un modèle à la vitesse de connexion ultrarapide, et capable de jongler avec fluidité entre n'importe quelle appli, l'ado a désormais au creux de la main tout ce qu'il lui faut ; au point, bien souvent, de ne plus en décrocher un mot. Au salon avec ses parents, blotti sur son fauteuil club favori, ce n'est pas avec eux qu'il échange, trop pris par mon écran. Lorsqu'ils s'adressent à lui, Louis a d'ailleurs une réponse type : "Hein ? Tu disais quoi déjà ?"

Lors des repas du soir, il se débrouille toujours pour tapoter son clavier entre deux bouchées, ce qui a le don d'agacer sa mère.

— Louis on est à table ! Range-moi ce téléphone.

— Attends maman j'en ai pour une minute !

— Alexandre ne va pas s'envoler ! Allez !

Louis s'exécute, avant de remettre ça deux minutes plus tard. Parfois, je le soupçonne même de s'étouffer à finir son assiette en deux coups de fourchette, histoire de reprendre sa conversation au plus vite.

— LOUIS !

— C'est important, maman !

— Je ne veux pas le savoir, à table on arrête les téléphones ! On en avait déjà parlé il me semble...

— Et papa alors ?

Pris en *flag*[22], le père de Louis redresse la tête à son tour.

— Je répondais à un mail urgent.

L'atmosphère du dîner, déjà grisâtre, virait à l'orage.

— Tu ne pourrais pas montrer l'exemple à ton fils ?

— C'est pour mon boulot !

— Ton boulot tu y es déjà 50 heures par semaine je te signale ! Tu comptes nous en faire profiter à la maison également ?

— Non bien sûr, mais je t'assure que ça ne pouvait pas attendre.

---

[22] En flagrant délit.

Ravi de cette diversion, Louis était déjà retourné à *WhatsApp*. Mais ce soir-là sa mère était décidée à ne rien laisser passer.

— Qu'est-ce que je t'ai dit Louis !!

— T'es bien furax ce soir maman ! T'as passé une mauvaise journée ou quoi ?

Je sentais l'orage tourner à la tempête.

— Je te prierais de ne pas me répondre ! À ce propos tu en es où de ton devoir d'éco ? Il est à rendre pour demain non ?

— J'ai commencé.

— C'est-à-dire ?

— Disons que j'ai déjà l'intro en tête.

La mère de Louis lève les yeux au ciel, tandis que son mari se lance discrètement sur un nouveau mail. Apercevant aussitôt le récidiviste, la sentence tombe.

— Donnez-moi vos téléphones.

Louis et son père lèvent la tête en parfaite synchronisation. Silence de mort, tandis que les patates dorent sur la poêle.

— DONNEZ-LES-MOI !

Les deux coupables tendent le bras, apeurés. La mère de Louis me fourre alors dans sa poche, et le téléphone du papa rejoint l'autre.

— Chérie, tu n'en fais pas un peu trop ?

— Il va falloir établir de nouvelles règles dans cette maison.

— Je rejoins papa. Chez Alex il peut répondre à son téléphone à table, personne ne dit rien. Sa sœur fait pareil. Leurs parents aussi. Pourquoi tu n'es pas un peu plus cool ?

— On est à table, j'aimerais qu'on en profite pour se parler ! Qu'on se raconte nos journées. J'ai des choses à vous dire, et j'aimerais que vous fassiez de même. J'en ai ras le bol de vos téléphones. Louis ton frère se conduisait autrement quand il était à la maison.

— Bien sûr, il avait un tél tout pourri, qu'est-ce que tu voulais qu'il fasse avec à part écrire des sms ?

— ÇA SUFFIT !

La messe était dite. Il n'y eut plus un seul mot d'échangé pendant le dîner, et le silence ne fut couvert que par le tintement tristounet des couverts, et les vibrations répétées de moi et mon collègue.

Entraînement

Contrairement à ce que son physique fluet pourrait laisser penser, Louis est un sportif. Un sportif généreux, qui ne s'économise jamais dans l'effort. J'ignore combien d'années de pratique il a derrière lui, mais s'il participait à un championnat il aurait toutes ses chances de monter sur le podium. C'est bien simple, une fois qu'il est lancé plus rien ne peut l'arrêter. Il entame un sprint jusqu'à la ligne d'arrivée. Mais le bonhomme ne manque pas non plus d'endurance. Toujours en mouvement, concentré, il enchaîne les perfs sur un rythme d'horloger. Il faut dire qu'il s'adonne à des séances régulières, plusieurs fois par semaine. Et puisque je sais me rendre indispensable, j'ai vite compris qu'il avait besoin de moi pour améliorer ses performances. Ma foi si je peux aider...

Pour l'accompagner durant ses entraînements, il lui faut du matériel. C'est pourquoi il a accumulé un nombre impressionnant de favoris. Il a également dans sa galerie de nombreuses images et vidéos prêtes à lui donner un surcroît de motivation les nuits d'insomnie. Ça me change des parties de *Candy Crush* de Virginie... Bien organisé, il a confiné tout ça dans un dossier sécurisé, qu'il peut déverrouiller à souhait.

Alors il s'entraîne. Il s'entraîne beaucoup. Dès qu'il est un peu tranquille, il met du cœur à l'ouvrage et se démène comme un beau diable. Sauf peut-être quand ses parents sont là. Car une fois son père, ouvrant brusquement la porte, l'a surpris en plein effort. Très pudique, Louis n'aime pas quand on le dérange au milieu d'une séance.

— Papaaaa, tu peux pas frapper ??

— Oui mon fils désolé, je ne te pensais pas si occupé... je venais te dire qu'on passe bientôt à table.

— Ok, j'ai compris.

— Je t'apporte du sopalin ?

— PAPA !

Je suis prêt à collaborer, pas de souci. Par contre Louis, s'il te plait. Lave-toi les mains cette fois.

Pam

Un visage et une voix marqués d'une égale douceur. Des taches de rousseur aussi abondantes que sa bonne humeur. Lorsqu'il arrive le matin au lycée, Louis la cherche des yeux. Qu'importe qu'il y ait des centaines d'élèves rassemblés dans la cour, il scanne la foule du regard tel *Terminator* à la recherche de Sarah Connor. Il n'a pas d'autre objectif en tête, et évite même ses deux acolytes histoire de poursuivre sa recherche tranquille. Lorsqu'enfin il la trouve, il entame alors une phase d'observation, à distance prudente. Imaginez un détective en pleine filature, relevant son col et rasant les murs.

Louis est amoureux, ça crève les yeux. Pam est son obsession numéro un. Je dirais même qu'elle a dernièrement supplanté les jeux vidéo dans la hiérarchie, l'admirateur délaissant *Steam*[23] pour *stalker*[24] gentiment sa victime. À intervalles réguliers, il fait le tour de ses réseaux sociaux, guette d'éventuelles nouvelles *stories*, statuts ou photos. Celles qu'il a déjà vues et qu'il connait d'ailleurs par cœur, il en refait régulièrement le tour en soupirant. Bon Louis, il va peut-être falloir faire quelque chose non ?

Pour le moment, sa tentative d'approche la plus audacieuse a consisté en une demande de feuille double à la fin des cours. Vous vous dites que c'est un prétexte comme un autre ? Attendez de voir "l'artiste" à l'œuvre :

— Salut Pamela.

Louis s'était courageusement avancé vers la belle, prêt à conquérir son cœur.

— Salut ? Heu...

— Louis.

Elle ne se souvient même pas de son prénom. Ca commence fort.

— Je l'avais sur le bout de la langue ! sourit Pam. Salut Louis ! Je peux t'aider ?

— J'ai besoin d'une feuille.

— D'une feuille ?

— Double.

Louis me tenait dans sa main, et je peux vous dire que je n'avais jamais senti une main trembler comme ça. Sa posture, exagérément droite, faisait

---

[23] Plateforme très populaire de distribution de jeux en ligne.

[24] Dans ce contexte, espionner sur les réseaux sociaux.

penser à celle d'un super-héros souffrant de constipation. J'ignore si Louis bombait le torse pour impressionner Pam ou bien se donner confiance, mais sa jauge de crédibilité était déjà en train de fondre.

— Tu as besoin d'une feuille double. À la fin des cours ?

— C'est la fin des cours ?

— Tu as entendu la sonnerie ou pas ?

— Ha oui ! Tu en as une alors ?

— On ne s'est jamais parlé il me semble, pourquoi tu demandes pas à tes potes ?

— Ils sont pas là.

— Alexandre est à 3 m.

— Ha ? J'avais pas vu.

— Tu es toujours comme ça ?

— Comme ça ?

— Bizarre.

Outch. Cela dit elle marque un point.

— Je... je dois y aller ! Merci !

— Mais attends ! Merci de quoi, je ne t'ai encore rien donné !

Laissant une Pam Interloquée, Louis avait déjà filé, avec le mot "bizarre" écrit en lettres rouge sang sur son front. Suite à cette tentative peu inspirée, pour ne pas dire catastrophique, j'ai compris qu'il allait falloir que je prenne les choses en main.

M. Fayard

Ha, le lycée. Des bâtiments sombres aux longs couloirs résonant de mouvements et de cris, un haut portail à barreaux que même une courte-échelle ne pourrait aider à franchir, une sonnerie horaire stridente donnant le rythme des entrées et sorties, une cantine vétuste aux plats du jour baignant dans l'huile... Me trouvais-je en prison ? Quelle faute avaient donc commis tous ces petits jeunes à qui l'avenir promettait tant pour mériter pareil châtiment ?

Ceci dit, après quelque temps à vivre le quotidien de cet établissement peu reluisant, j'ai réalisé qu'en grattant un peu cette couche d'austérité, j'étais en fait tombé dans un véritable temple de la connaissance. Chaque jour, ses nombreux résidents venaient s'y connecter pour faire une mise à jour de leur savoir, et ce gratuitement ! Louis, dont la motivation apparente à venir se cultiver frisait le zéro pointé, ne réalisait pas sa chance. Quoique, ses amis non plus apparemment. Bon en fait, toute la classe, mis à part peut-être ce petit au premier rang, qui lève le doigt à chaque occasion. Derrière lui, ça chuchote, ça rigole, et surtout, SURTOUT : ça utilise son téléphone. En principe, Louis a interdiction de me solliciter en classe, voire même de me sortir de sa poche. Mais le petit malin s'en fiche. Je dirais même que pour lui, tromper la vigilance de son professeur a quelque chose de jouissif. J'observe son petit sourire en coin tandis qu'il envoie un *meme*[25] à Alexandre, deux rangs derrière lui. Il se retourne alors pour voir sa réaction, et revient à mon écran avec satisfaction. Louis alimente ensuite un groupe *Messenger* en rigolant à une vanne de Marjorie par-ci, en envoyant un *snap* débile par-là. Autour de nous ça converse à tout va, et je peux vous dire que mes collègues ne chôment pas ! Alors que les professeurs débitent leurs explications au tableau, je prends part à de nombreuses conversations aux enjeux considérables : qui sort avec qui, qu'est-ce qu'on fait samedi, qui a maté le dernier épisode de *The Big Bang Theory*...

---

[25] Elément ou phénomène repris en masse sur Internet.

Il y a cependant un cours, un seul cours, où cette trentaine de *Millennials*[26] dissipés y réfléchit à deux fois avant de dégainer *Snapchat*. Celui de M. Fayard. Louis et ses potes le surnomment *le ravisseur*. Au sein du lycée, ce prof de maths est connu pour mener une croisade anti-mobile ultra-répressive. Il lui suffit de surprendre un élève avec son fidèle compagnon à la main pour confisquer celui-ci sans sommation. Mais attention, pas jusqu'à la fin de l'heure, voire de la matinée, mais au moins toute une journée ! S'il est mal luné, ou si le coupable pris la main dans le sac avait le culot de récidiver, le kidnapping pouvait durer une semaine *complète*. Une semaine sans votre mobile, vous imaginez ? Ce serait pire que la mort ? Voilà, on est d'accord. Certains élèves ont bien tenté de se rebeller, des parents de le menacer. Comme lors de ce vendredi après-midi où une maman furieuse s'est présentée à la fin du cours.

— Confisquer le portable de Kévin pendant trois jours ?? Pour qui vous prenez-vous ?! Imaginez qu'il lui arrive quelque chose ; comment nous appellerait-il ? Je vous préviens, je vais me plaindre auprès du principal à qui de droit !

— Faites donc Madame. N'oubliez pas de mentionner sa moyenne de 7.6/20 lors du dernier trimestre, ainsi que son zéro du mois dernier pour avoir triché en utilisant son portable.

---

[26] Ensemble des individus nés entre 1980 et 2000 environ. Egalement appelés génération Y.

— Vous traitez mon fils de tricheur maintenant ?

— Vous savez il est loin d'être le seul. Mais pas de veine, cette fois il s'est fait prendre.

— Vous avez des preuves au moins ?

— Vous voulez quoi, que je filme mes élèves à leur insu pour prouver ensuite à leurs parents qu'ils ont triché ? Soyons sérieux. Vous permettez ? J'ai des copies à corriger. Ne vous en faites pas, le téléphone de Kévin va passer le week-end bien au chaud dans mon tiroir.

— Vous... vous ne l'emporterez pas au paradis !

Dur à cuire ce M. Fayard. Un roc sur lequel se brisent toutes les vagues.

Je me rends à chacun de ses cours la peur au ventre. Louis m'a-t-il bien mis en silencieux ? Va-t-il m'utiliser ? Qui va se faire enlever ? Car malgré l'épée de Damoclès au-dessus de leur tête, certains élèves bravent de temps en temps l'interdit, dont Louis ! Pour quelle importantissime raison se risquerait-il à me sortir discrètement de sa poche pour taper un sms ? Une demande urgente de son Père ? Une invitation de Pam ? Un mail du conseiller d'orientation ? NON ! Un simple message d'un pote lui demandant s'il va se connecter à *Steam* ce soir. Non mais allo Louis ??

— VOUS !!

Louis relève la tête subitement en me fourrant aussi sec dans sa poche. La voix effrayante de

M. Fayard a presque *freezé*[27] mon écran d'accueil. J'entends le professeur se lever, sa chaise racler bruyamment l'estrade.

— Vous croyez que je ne vous ai pas vu ??

Silence absolu dans la salle. On pourrait entendre une mouche voler.

— Sortez ce téléphone de votre poche !

La voix du *ravisseur* est à présent toute proche. Je peux déjà imaginer le tiroir sombre et humide dans lequel je m'apprête à faire un séjour forcé. Combien de jours ? Un ? Sept ? Dix ? Tout est possible. Aucun mouvement de Louis, qui est soit trop concentré sur sa prière, soit encore plus apeuré que je peux l'être.

— C'est bien simple, ou vous sortez ce téléphone maintenant, ou je double la sanction !

Toujours aucun mouvement. Ma peine est en train de s'alourdir. Adieu Louis.

— J'ai rien fait, Monsieur, je vous assure.

Plongé dans ma poche, au bord de l'évanouissement, je pousse un ouf de soulagement. Ce n'est pas la voix de Louis que j'entends, mais celle de son voisin !

— À d'autres. Éteignez-le tout de suite et donnez-le-moi. Vous viendrez me voir à la fin du cours j'ai deux mots à vous dire.

M. Fayard s'éloigne et va reprendre sa place. Le cours reprend.

Louis, ne me refais plus jamais ça !!

---

[27] Bloqué.

L'apparition

Louis n'est pas ce que j'appellerais un fana de soirées. Là où Virginie était très à l'aise pour se fondre dans un groupe et mettre à l'épreuve sa sociabilité, mon propriétaire est une sorte d'ours geek pour qui les interactions sociales représentent un effort démesuré en comparaison du peu de bienfaits qu'elles peuvent lui apporter. Les contacts réels, très peu pour lui. Pourquoi faire, lorsqu'on peut enchaîner les conversions *Messenger* affalé dans un fauteuil ? S'il se rend à une soirée, c'est qu'il y a été traîné de force par Alex au prix d'un incessant harcèlement.

Sauf peut-être cette fois-là. Son compère n'a rien eu à réclamer, ne l'a même pas menacé de publier une photo dossier. Louis a trouvé une autre source de motivation pour mettre les pieds hors de chez lui. Une motivation aux yeux verts, et aux longs cheveux châtain clair. La plupart des élèves de la classe seraient présents alors pourquoi pas elle ?

En arrivant chez l'hôte du soir, mes délicats capteurs sont immédiatement pris à la gorge par des cris déchaînés et une musique assourdissante. Hé bien, il y a de l'ambiance ! Tandis que Louis, peu à son aise dans cet environnement fêtard à souhait, cherche déjà du regard un coin tranquille pour se poser, je me remémore une certaine soirée passée et prie le dieu des smartphones pour ne pas finir de nouveau dans les chiottes. Partout autour de nous, ça rigole, ça boit, ça danse. Tout le monde ou presque a un verre à la main. Sauf Louis, qui me tient moi, inquiet qu'Alexandre ne soit pas encore là. Pour ne rien arranger, aucune trace de Pam ; la soirée commençait bien mal. Après avoir fait quelques bises, serré quelques mains, et participé à deux trois discussions en mode "heeey, tu vas bien ??", il lance *WhatsApp*.

— Qu'est-ce que tu fous ? Ça fait déjà une demi-heure que je poireaute.

— Haaa désolé vieux mais il va peut-être y avoir un problème, répond aussitôt Alex.

— Hein, quel problème ??

— Mon dernier bulletin a foutu mes parents en rogne. Ils ne veulent plus me laisser sortir. Je suis en train de négocier mais c'est pas gagné.

— Hé bien active ta négociation ! Parce que m...

Une voix familière interrompt la conversation.

— Tiens, tu es venu ?

Louis releva la tête, déjà à moitié en *flip*. Surprise, Pam se tenait face à lui. Peut-être était-ce l'éclairage approximatif de la pièce, mais elle paraissait avoir un halo lumineux au-dessus de la tête. Une apparition divine ?

— Salut Vanessa.

— Non, moi c'est Pamela !

Mais c'est pas possible il le fait exprès ?

— Ha oui, Pam, désolé.

— T'es tout seul ?

— Oui. Alex m'a lâché.

— Tiens c'est marrant, moi c'est Lise qui a oublié de se pointer.

Je commençais à bien connaître Louis, et je peux vous dire qu'à voir son air prostré et sa tête d'ahuri, il était littéralement en train de boire chacune des paroles de Pam. Pas sûr non plus que la petite jupe à paillettes de sa camarade le laisse totalement de marbre. Je l'entendis alors prendre une profonde inspiration.

— Tu... tu brilles autant que les étoiles qu'il y a dans tes yeux.

...

J'avais envie de m'éteindre de honte. Le silence gênant dura exactement 6,3 secondes, avant que Pam n'éclate de rire.

— Hahaha Louis je crois que c'est la drague la plus naze que j'ai jamais entendue.

Pam... tu me sors les mots de la bouche.

— Je te drague pas ! Ça... ça doit être l'alcool ! J'ai tellement picolé je sais plus ce que je dis hahaha !

Le rire de Louis faisait très sitcom américaine des années 90. Forcé à mort. Le roi de la drague tentait désespérément de se rattraper en ayant l'air cool. Bien tenté petit, mais je crois qu'elle est plus maline que toi.

— Où est ton verre ? demande-t-elle.

— Mon verre ?

— Oui. Pour boire il faut un verre il me semble ?

— J'ai dû le perdre.

— Attends un peu...

Pam se pencha soudainement vers Louis en s'appuyant sur les dossiers de la chaise. Elle approcha son visage à un centimètre à peine de celui de mon propriétaire, qui prit instantanément une jolie couleur rouge tomate, pas loin d'être assortie à celle du papier peint. Par chance, la lumière tamisée lui permit de ne rien laisser transparaître. Elle se releva et prit un air narquois.

— Mais bien sûr ! Tu ne sens pas du tout l'alcool. Tu n'as pas bu une goutte avoue. Et puis je sais reconnaître un gars bourré à des kilomètres.

— ...

— T'es vraiment perché toi tu sais ? Mais t'es marrant... Tiens on dirait que ton pote t'appelle.

Le prénom d'Alexandre s'affichait effectivement sur mon écran. C'était vraiment pas le moment !

— Tu ne réponds pas ? interroge Pam.

— C'est pas très important.

— Comment tu le sais ?

— Alex est du style à m'appeler quand il hésite entre un *Big Mac* et un *Deluxe*.

— Haha ! Je dois te laisser de toute manière, j'étais juste passée en coup de vent ; tant pis pour Lise on m'attend chez moi. Bonne soirée !

Louis resta quelques secondes hébété, regardant Pam s'éloigner et disparaître. Il finit par décrocher.

— Oui !

— Tu dormais ou quoi ? Bon je suis en chemin ! Si je n'ai pas au minimum 14 à la prochaine interro d'éco, je risque de ne plus pouvoir sortir avant le siècle prochain !

— Je discutais avec Pam, t'as tout fichu par terre !

— Toi tu discutais avec Pam ?

— C'est elle qui est venue me parler.

— Oulala, ça te réussit pas l'alcool, mon pauvre.

Batterie

Verrait-on Usain Bolt franchir en tête la ligne d'arrivée du Marathon de New York ? À l'inverse, imaginerait-on un coureur de fond rafler la médaille d'or sur une finale de 100 m ?

Le problème, c'est que Louis attend de moi que j'aie l'allure d'un Usain Bolt sur 42 km. N'y allons pas par quatre chemins : il croit au Père Noël. Lancer une appli ? Trop facile. Cinq ou six ? Déjà fait, en moins de temps que vous n'en ayez eu besoin pour lire cette ligne. Lancer six applis, tout en réceptionnant deux messages, trois mails, une recommandation de mise à jour, une alerte de vent violent sur toute la région et quatre notifications *Instagram* ? Pour moi, c'est l'enfance de l'art. Sauf que tenir cette cadence infernale toute une journée a pour résultat de vider ma batterie à vitesse grand

V ! On ne peut pas avoir le beurre et l'argent du beurre, n'est-ce pas ?

"Quoi, j'ai plus de batterie là ??", a-t-il dit la première fois que je me suis éteint en plein après-midi, complètement à plat. Ben oui gros malin, voilà ce qui arrive quand on ne me recharge pas *à fond* avant de partir le matin ! Lorsqu'on n'a roulé jusqu'ici qu'en *Twingo* et qu'on passe à une *Porsche*, ça fait drôle.

Louis s'est donc adapté. Il a pris l'habitude de me laisser branché toute la nuit, de sorte que je puisse attaquer chaque journée pied au plancher. Un principe élémentaire, que vous appliquez très certainement vous-même à la lettre. Sauf que fréquemment, mon étourdi de propriétaire oublie de le faire. Alors il s'est mis à trimballer son chargeur tous les jours avec lui. Mais encore faudrait-il qu'il puisse trouver des prises ! Chaque jour, les rares disponibles sont littéralement prises d'assaut par une meute d'ados en détresse de se retrouver avec un réservoir à sec. À l'instar de parents faisant toujours passer leur enfant en priorité lorsqu'il s'agit de manger, ces jeunes sont prêts à jouer des coudes et s'entredéchirer pour nous filer à bouffer. C'est touchant quand même.

Par conséquent, pour d'évidentes raisons pratiques, Louis a fini par s'acheter une petite batterie externe, qui peut me porter secours à tout moment de la journée. Batterie qu'il faut bien sûr penser à... recharger. On n'est pas sortis de l'auberge.

Révisions

Louis a une technique toute particulière pour bosser ses cours à la maison. Pour que vous compreniez bien, je vais vous décrire la façon dont il a révisé sa dernière interro d'éco. Il a tout d'abord commencé par se poser sur son bureau en bordel, y a fait un peu de place, et a ouvert son classeur en se grattant la tête. Louis paraissait aussi motivé à bûcher que Virginie lorsqu'elle entamait sa déclaration d'impôts.

19:00 : Louis commence à lire son cours.

19:00:27 : Message *WhatsApp* d'Alexandre: "Je suis sur l'éco". Réponse de Louis : "Moi aussi".

19:00:48 : Message *WhatsApp* d'Alexandre : "Et ça me fait bien chier". Réponse de Louis : "Tu m'étonnes".

19:01:22 : Message *WhatsApp* d'Alexandre : "J'ai une de ces pressions en plus...". Réponse de Louis : "Tu peux le faire champion".

19:02:23 : Notification d'un *like Instagram* sur sa dernière photo postée, un coucher de soleil. Louis scrute mon écran sans oser y croire. C'est Pam !

19:03:57 : Louis est sur le profil de Pam, il a du mal à s'en remettre. J'ai l'impression qu'il se retient de *liker* toutes ses photos.

19:04:12 : Louis se remet sur son cours. Grand I, petit 1 : Macro-économie. IL LIT.

19:05:17 : Message de Fabien dans le groupe *Messenger* "Potes" : "Les gars vous faites quoi ?" Réponse d'Alexandre : "On bosse. L'interro c'est demain je te signale". Réponse de Fabien : "Sans déconner ?! J'avais complètement zappé !". Réponse de Louis : "Haha t'es dans la merde". "Réponse de Fabien : "Ouais chaud !". Réponse de Louis : "Bon allez je vous laisse je suis dessus là, j'avance bien". Réponse d'Alexandre : emoji étonné. Réponse de Fabien : double emoji étonné. Réponse d'Alexandre : triple emoji étonné.

19:07:42 : Après s'être fait violence pour déchiffrer deux lignes de son cours, Louis se lève pour aller se servir un jus de pomme.

19:08:12 : Notification *l'Équipe* : "L'entraîneur du Real Madrid se dit confiant avant le *Clásico*". Louis consulte l'article.

19:10:02 : Message *WhatsApp* d'Alexandre : "T'as compris la différence entre Keynésiens et Néo-classiques ?". Réponse de Louis: "J'en suis pas encore là". Réponse d'Alexandre: "Ok".

19:11:03 : Message dans le groupe "potes" de Fabien : "On se fait un *KFC* samedi soir ?". Réponse de Louis : "Ok morfal". Réponse d'Alexandre : "Dixit celui qui s'est pris un double *bucket* la dernière fois". Réponse de Louis : "Genre. Tu m'en as piqué la moitié". Réponse d'Alexandre : emoji mdr.

19:14:58 : *Snap* d'Alexandre : une photo de son cours avec le message " Éco de merde ! J'y comprends rien" ! Réponse de Louis : "Tranquille de mon côté. Allez bosse fainéant".

19:16:20 : Message *WhatsApp* de Louis à Alexandre : "Au fait Pam a liké une de mes photos IG !". Réponse d'Alexandre : "Sérieux ?? Génial !!".

19:17:23 : Louis est sur le profil Instagram de Pam, se demandant quelle photo il va bien pouvoir *liker* en retour. Il choisit un *selfie*, puis en *like* une autre de la jeune fille en train de caresser un chat.

19:18:24 : Louis fait une recherche *Wikipédia* sur la macro-économie, puis sur les néo-classiques, et fait un copier-coller pour envoyer à Alexandre. Réponse de l'intéressé : "Merci Wiki".

19:19:40 : 3 *likes Instagram* tombent coup sur coup. Pam. Louis fait des tours sur lui-même sur sa chaise de bureau.

19:21:03 : Louis *like* 4 photos *IG* de Pam avec un sourire jusqu'aux oreilles.

19:21:30 : Message de Fabien dans le groupe "potes" : "Alors ça avance ?". Réponse de Louis : "Ouais". Réponse d'Alexandre : "Ouais ouais".

19:23:52 : Notification *Instagram* : 5 *likes* de Pam. Louis ouvre *YouTube* et lance *We are the champions*, tout en écrivant à Alexandre : "Il m'arrive un truc de fou".

19:24:03 : Appel d'Alexandre.

19:38:12 : Fin de l'appel d'Alexandre. Louis reprend son cours. Jusqu'ici il a lu un paragraphe et demi.

19:39:32 : Notification *Instagram* : Message privé de Pam. Louis pousse un cri : "OMG" !

19:40:00 : Message *WhatsApp* de Louis à Alexandre : "Elle m'a écrit !!!". Réponse d'Alexandre : 10 emojis de champagne.

19:41:12 : Message *WhatsApp* de Louis à Alexandre : "Je fais quoi je lui réponds ?". Réponse d'Alexandre : "T'es fou ! Laisse-la un peu mariner". Réponse de Louis : "Combien de temps". Réponse d'Alexandre : "J'en sais rien... Mais réponds pas tout de suite".

19:42:58 : Louis commence à répondre à Pam.

19:44:45 : Louis est toujours sur son message.

19:47:04 : Louis a relu six fois son message. Il l'efface et recommence.

19:52:30 : Message de Fabien dans le groupe "potes" : "J'ai faim". Réponse simultanée de Louis et Alexandre : "Moi aussi".

19:58:55 : Louis envoie sa réponse à Pam comme s'il jouait sa vie.

20:00 : Notification d'un mail : promo flash 24 h sur les cartes graphiques. Louis s'empresse de faire un tour sur le site.

20:02:17 : La mère de Louis l'appelle. "Louis, on va bientôt passer à table !"

20:03:20 : Réponse de Pam.

20:03:35 : Message *WhatsApp* de Louis à Alexandre : "OMGGGG". Réponse d'Alexandre : emojis de 20 bouteilles de champagne.

20:04:48 : "LOUIS, À TABLE !"

20:05:02 : Message de Louis dans le groupe "potes" : "Je vous laisse, les gars, je vais manger, ça creuse les révisions. Réponse de Fabien : "Cool ! Bon app !". Réponse d'Alexandre : "J'en connais un qui doit avoir une faim de loup en ce moment". Réponse de Fabien : "Wooo raconte il se passe quoi ??". Réponse de Louis : "Alex *TG*[28] ! Secret défense, mec". Réponse de Fabien : "Pfff les cachoteries, OK.". Réponse de Louis : "Mais non, on va t'expliquer"

20:07:46 : "LOUIS TU VIENS TOUT DE SUITE !!!"

---

[28] Abréviation de "ta gueule".

Fin des révisions pour aujourd'hui.
Note de Louis à l'interro d'éco : 5/20.

Confiance

Lorsqu'il est en situation de communiquer en face-à-face, Louis n'est pas ce que je pourrais appeler le plus à l'aise et charismatique qui soit. Les yeux baissés, recroquevillé et planté sur ses pieds telle une moule accrochée à son rocher, il bafouille des monosyllabes sur un ton monocorde, comme s'il s'exerçait à devenir ventriloque. Il pourrait brandir un panneau "j'aimerais être ailleurs" que ça n'étonnerait pas le moins du monde son interlocuteur. La plupart du temps, on ne comprend absolument rien à ce qu'il est en train de raconter, ce qui donne parfois lieu à des réponses cinglantes, pour ne pas dire humiliantes.

— Heu... tu peux répéter ?

— Louis, articule bon sang !

— Attends... Tu m'as dit un truc ?

— L'orthophoniste pour toi ça n'aurait pas été du luxe.

Mais avec moi. Avec MOI. Imaginez Clark Kent se changeant en *Superman*. Exit l'ado timoré regardant ses pieds, et place au préadulte débordant de personnalité. Que ce soit sur les forums, les posts de blog, les groupes de discussion ou les publications, il enchaîne les blagues avec enthousiasme, use et abuse des sarcasmes, répond au tac au tac et n'a jamais peur d'aller au contact. Quand on vient le contredire ou lui chercher des noises, il peut même se montrer féroce et implacable, lâcher des insultes et proférer des menaces. Dès que le sujet lui tient à cœur, il suffit d'un rien pour que Louis parte au quart de tour et déchaîne ses pouces. Son manque flagrant de confiance *IRL*[29] n'a d'égal que son assurance une fois connecté.

Puisque je confère à Louis des pouvoirs magiques, autant qu'il en fasse usage pour des choses à peu près utiles. Comme draguer Pam. Depuis les *likes* et le fameux *MP* de la jolie camarade sur *Instagram* ("t'as trouvé des feuilles doubles au fait ? ;p"), le duo enchaîne les conversations sur *Messenger*. Autant vous dire que Louis, que le simple fait d'apercevoir la jeune fille à l'autre bout de la cour suffit à émoustiller de la tête aux pieds, ne touche carrément plus terre. Une engueulade familiale ? Une interro plantée ? Une

---

[29] In Real Life. Dans la vie réelle.

brimade d'un des durs à cuire du lycée ? Tout ça n'a plus aucune importance lorsque la fameuse notification tombe. Celle des messages de Pamela. Louis les relit sans arrêt, de manière obsessionnelle. S'il pouvait, il les imprimerait pour en faire un portfolio, ou en tapisser les murs de sa caverne. Il en discute sans arrêt avec Alexandre comme s'il se lançait dans une dissertation, décortiquant chaque mot, interprétant chaque signe de ponctuation.

— Elle a mis deux points après son "pourquoi pas" ! Elle sous-entend un truc c'est sûr ! Et là, t'as vu l'*emoji* clin d'œil qu'elle me fait ?   T'en penses quoi ?

Non mais t'es pas sérieux Louis ? Et moi qui croyais avoir tout vu avec Virginie... Histoire que mon propriétaire ne vire pas à la groupie psychopathe, j'aimerais bien qu'il se décide à passer la seconde avec Pam. Mais comme pour toute chose, tout vient à point à qui sait attendre.

Tête-à-tête

Ça lui pendait au nez. À force d'arriver en retard et de faire le zouave en classe, Louis s'est pris une heure de colle par ce cher M. Fayard. 60 minutes et quelques de tête-à-tête, je peux vous dire que j'étais loin de sauter au plafond... j'aurais encore préféré me repasser l'intégrale de la semaine de *Questions pour un Champion*.

Cela dit, tuant dans l'œuf mon appréhension, Louis me fourra d'emblée dans sa poche avant de s'installer bien sagement au second rang. Je l'entendis ouvrir son classeur, tandis que M. Fayard essuyait un raclement de gorge, en mode "je t'ai à l'œil". Rassuré, j'en profitais donc pour décompresser un peu de ma journée. Passablement éreinté d'une session *gaming* un peu prolongée à la cantine, je n'étais pas loin des 15% et de basculer en mode basse consommation. La première demi-heure s'écoula ainsi sans aucun heurt, à tel point que j'en vienne à espérer que Louis se fasse plus régulièrement coller. Mais rapidement, les premiers messages tombèrent. Pêle-mêle : Alexandre demandant à son pote si le temps n'était pas trop long, la maman demandant à son fils de prendre du pain en rentrant, quelques mails, *snaps* et autres notifications... À chaque vibration, je sentais Louis rongé par la tentation. Calme et studieux les premières minutes, il remuait à présent de plus en plus. Qu'importe les risques, ce n'était plus qu'une question de minutes. Et c'est au moment où je sentis sa main plonger dans sa poche que M. Fayard prit soudainement la parole, le stoppant net dans son élan.

— N'y pense même pas, Louis.

— Je voulais juste vérifier l'heure, Monsieur.

— 17h40.

— Ok merci.

— Tu dois te dire que je suis particulièrement sévère en ce qui concerne les téléphones.

— De tous les profs que j'ai eus, vous êtes le champion Monsieur.

— Haha, n'est-ce pas ? Je vais te dire pourquoi.

Ha oui tiens, ça m'intéresse.

— Il y a deux ans, j'ai eu une élève. Clarisse. Une brave fille. Très studieuse et attentive, mais assez solitaire, et loin d'être populaire. Quelques semaines après la rentrée, un petit groupe a commencé à la prendre en grippe. Au départ, c'était juste des petites moqueries. Mais Clarisse n'était pas du style à contre-attaquer, c'était une proie facile. Alors les brimades ont commencé à se multiplier. Elle a fini par prévenir son père, qui est venu me voir. J'ai essayé d'intervenir, conjointement avec ses autres professeurs, en parlant avec quelques-uns de ceux qui l'ennuyaient. Pour se venger, ils se sont attaqués à elle sur les réseaux sociaux, en diffusant un peu partout des rumeurs. Puis en classe, en la prenant sans arrêt en photo, pour lui envoyer ensuite des insultes et des montages pas très sympathiques... Bien sûr, ça je ne l'ai su qu'après. Cet acharnement a duré près de deux mois. Clarisse a fini par craquer et s'est retrouvée à l'hôpital. Elle est aujourd'hui déscolarisée.

M. Fayard marqua un silence, attendant une éventuelle réaction de Louis, qui ne vint pas.

— Tu sais ce que ça fait d'être harcelé, Louis ?

— Non Monsieur. Avec mes potes on se chambre bien sûr, mais c'est pas bien méchant.

— Est-ce que tu comprends pourquoi, outre le fait que ça ne vous rend guère attentifs à mes cours, je n'aime pas que vous sortiez vos téléphones en classe ?

— Oui.

Moi aussi, je comprenais un peu mieux.

— Ce genre de cas est bien sûr exceptionnel. Mais dis-toi que Clarisse ça pourrait être toi. Et je doute que tu aies envie que ça t'arrive.

— Vous avez raison.

— Ce n'est pas à moi de vous dire comment utiliser vos téléphones. Par contre je peux parfaitement vous empêcher de le faire.

— J'avoue que des fois on abuse un peu.

— Je compte sur toi pour y réfléchir. Et pour en remettre une couche niveau boulot. Parce qu'il y a du laisser-aller il me semble ce trimestre.

— Je vais essayer.

— L'heure est bientôt écoulée, tu peux y aller.

Louis rangea ses affaires en silence, et une fois dehors, attendit de longues minutes avant de me sortir de sa poche.

L'invitation

Largué en anglais à tel point que ma traduction automatique pourrait soutenir une conversation mieux que lui, Louis a récemment accroché une nouvelle note catastrophe à son tableau de chasse. Pour ses parents, c'est la goutte qui a fait déborder le vase. Lors d'un dîner où le ton est rapidement monté, le prétendant au "bonnet d'âne of the year" s'est fait sérieusement remonter les bretelles. Et le dessert s'est conclu par un ultimatum. Ou bien Louis se mettait sérieusement au boulot, ou bien les privations allaient s'enchaîner crescendo.

1 - Sortie.

Ok, dur.

2 - PC.

Aoutch, ça fait mal.

3 - Smartphone.

Koaaaa ?? Hé mais c'est moi ça ! Louis, c'est pas possible, tu ne vas pas laisser faire ça ??

Dos au mur, bon pour la correctionnelle au prochain conseil de classe, mon propriétaire n'avait plus le choix. Il allait devoir tenter de sauver coûte que coûte son année du naufrage. À commencer par l'anglais ! Si vous avez en tête le générique de *Mission Impossible*, vous avez parfaitement saisi la réalité de la situation. Aux grands maux les grands remèdes, Louis a décidé de solliciter l'aide d'une des plus *"fluent"*[30] de la classe : Pam. Tiens donc... Vous aussi vous le voyez venir avec ses gros sabots ?

Il faut dire que dernièrement, et contre toute attente, le duo s'était sacrément rapproché. Enchaînant les conversations à distance et *IRL* au lycée, Louis et Pam étaient devenus inséparables. Rigolant de tout et n'importe quoi, ils multipliaient en outre les petites provocations et contacts physiques, en prenant bien soin de ne pas se faire griller par leurs amis. Mais j'ai l'impression qu'autour d'eux personne n'était dupe, et que tous attendaient avec impatience que cette attirance évidente prenne un nouveau tournant. Et moi, j'étais bien sûr largement mis à contribution pour entretenir ce jeu du chat et de la souris. Au fil des semaines, les conversations banales et candides s'étaient muées en discussions beaucoup plus sérieuses, voire en *snaps* quelque peu suggestifs...

---

[30] Qui parle couramment une langue. Dans ce contexte, une des plus à l'aise en anglais.

Dans ce domaine, Virginie m'en ayant fait voir des vertes et des pas mûres, j'étais en mesure de constater que ces deux-là montaient sérieusement en température. Sur son nuage, se sentant pousser des ailes, Louis a alors fait l'impensable. Il a invité Pam chez lui. Ce samedi, ses parents rentreraient tard. Toutes les conditions étaient réunies. Et bien sûr, la belle a dit oui.

Dès lors, une fois le départ des parents acté en fin de matinée, Louis s'est lancé dans une course contre la montre. D'abord, il lui fallait changer une citrouille en carrosse, à savoir son antre bordélique en chambre au top. Posé sur le bureau à côté du PC, je l'ai regardé accomplir un miracle. Les vêtements ? Tous ramassés en tas et bourrés dans le placard. Les livres et mangas ? Empilés sous forme de pyramide en catastrophe. La poussière, les miettes et les moutons agglutinés sur le sol ? Aspirés en un temps record. La couette et les draps, pas spécialement d'une fraîcheur resplendissante ? Changés avec aisance. La motivation de Louis était telle que l'observer courir dans tous les sens me fatiguait prodigieusement. Il faut dire qu'il ne m'avait guère habitué à produire tant d'efforts, mis à part lors de ses séances régulières de musculation du poignet.

Une fois sa chambre redevenue un tant soit peu présentable, il m'a emporté avec lui dans la salle de bains pendant une durée inhabituellement longue. Lorsqu'il en est ressorti, c'était un autre homme. Il avait vidé son pot de *Vivel Dop* pour plaquer ses cheveux rebelles en arrière, avait sorti du fin fond de sa tanière sa plus belle chemise – la seule en fait – et s'était aspergé au pifomètre d'une multitude de produits piqués à son père. Même le dernier des aveugles s'en rendrait compte : Louis était passé en mode *pécho*.

Armageddon

Pam se retint d'éclater de rire quand Louis lui ouvrit la porte.

— Oups, excusez-moi monsieur j'ai dû me tromper d'appartement !

— Très drôle !

— Louis tu es... différent.

— Ha bon ? J'ai pas changé grand-chose. Juste un peu de gel quoi, j'avais des cheveux qui me tombaient sur la figure.

Pam se contenta de sourire, et suivit son hôte dans l'entrée.

— Wow, c'est classe chez toi !

— Ha oui ? Merci.

— Tes parents doivent avoir un super job !

— Mon père bosse dans la finance, et ma mère est juriste. Autant te dire qu'ils ne sont pas souvent là...

Ça y est, Louis passe à l'offensive.

Pam resta silencieuse, très observatrice de cet environnement cossu. Elle portait un blouson en cuir par-dessus une petite robe rouge plutôt courte, ajustée à sa taille très fine. Louis la mangeait déjà des yeux, mais le plus discrètement possible.

— On va dans ma chambre ? questionna-t-il en prenant une voix neutre.

— Je te suis.

Le regard de Pam était plein de malice. Louis eut un léger tremblement de la main, un réflexe qui trahissait son extrême nervosité. Allez gamin, ça va le faire.

La jeune fille entra timidement dans la grande chambre fraichement rangée. Louis avait disposé deux chaises devant le bureau, pour faire style. Pam jeta un regard approbateur, avant de fixer d'un air amusé l'immense écran. Une page *Google* était ouverte en grand, avec inscrit dans l'encadré de recherche : "Comment organiser une soirée romantique".

Allons bon. Premier *fail*[31].

— Intéressant tes recherches *Google*, on voit que l'anglais te motive au moins !

Louis aperçut la bourde catastrophé, et s'empressa de fermer la page d'un clic maladroit.

---

[31] Erreur, ratage.

— Ahem ! Assieds-toi si tu veux. Je vais te chercher un truc à boire ?

— Un verre d'eau je veux bien.

Posé sur le bureau, je me rends compte tandis que Louis s'éloigne que Pam continue de scanner attentivement de sa vue perçante les moindres recoins de la chambre. J'ai un mauvais pressentiment.

Soudain, son regard s'arrête sur quelque chose, et je vois son visage de porcelaine s'empourprer. Qu'a-t-elle vu ? Au moment où Louis fait son retour avec ses deux verres d'eau, elle détourne de nouveau les yeux vers le bureau.

— Ça va ? Tu as l'air d'avoir un peu chaud non ? demande-t-il.

— Non non, tout va bien !

Un doute assaille Louis, et enfin il comprend. Trônant sur sa table de chevet, une boîte de 12 préservatifs flambant neuve achetée en catastrophe à la pharmacie, et que le sot n'avait même pas pensé à planquer en catimini.

Impressionnant. En une seule soirée, Louis était en train de battre tous les records du monde de maladresse. Au lieu de faire preuve de toute la finesse qui s'imposait, c'est comme si l'ado venait de sortir un mégaphone pour hurler bien fort : "je t'ai fait venir avec pour éventuelle finalité que ça se finisse au lit !". Bien joué Louis.

Pour ne pas laisser le malaise s'installer, Pam prit l'initiative, l'air de rien.

— On s'y met ?

— Ok.

— Lors du prochain contrôle il faudra traduire du français à l'anglais, comment tu le sens ?

— Bof.

Pam regardait son camarade avec tendresse, sans se départir de son sourire coutumier. Elle savait y faire la petite. Sous le charme, Louis était comme hypnotisé.

— On va commencer par un truc tout simple. Tiens, si tu me traduisais "Je me sens bien avec toi".

— Ok. Alors... I... I...

Aïe aïe, effectivement Louis. La prochaine interro ça va faire mal. Par contre Pam t'envoie un message il me semble. Enfin, moi je dis ça, je dis rien...

— Attends, il y a un *youtuber* que je dois te montrer, répond-elle. Il a mis au point une super méthode pour bien maîtriser les bases. En plus c'est trop drôle !

— Ha oui ça m'intéresse ! On va regarder ça sur mon téléphone.

Pourquoi pas sur le PC me direz-vous ? Le gaffeur manœuvrait enfin avec un peu de jugeote. Il me disposa devant lui, et invita Pam à se rapprocher un peu. Elle fit mieux que ça, et vint se coller doucement à Louis. Ce dernier, vraisemblablement enivré par le parfum de sa prof d'un soir, et déjà en surchauffe d'être ainsi à son contact, avait toutes les peines du monde à lancer *YouTube*.

— Il... Il s'appelle comment ton bonhomme ?

— Attends je vais taper son nom.

Pam s'appuya alors un peu plus contre le bras de Louis. Tandis qu'elle inscrivait les lettres une à une, sa respiration se faisait plus intense, et contrastait avec le silence absolu de la pièce. J'eus l'impression que mon propriétaire, telle la *Fusée Ariane* à quelques secondes du décollage, était sur le point de s'embraser. Pam semblait particulièrement peu pressée de lancer sa recherche. Elle tapait même des lettres au hasard, se penchant encore davantage contre Louis, qui n'osait plus bouger d'un millimètre. Retenant toutes mes notifications de peur d'interrompre ce moment crucial, j'observais les deux ados à présent collés l'un à l'autre, brûlant de croiser enfin leur regard. L'atmosphère devenait irrespirable.

— Je... j'ai oublié son nom je crois... murmura-t-elle en relevant doucement la tête. Ses yeux étaient incandescents. Louis ne tint plus et l'embrassa.

J'en aurais dansé de joie. Pam, dont hier encore mon cher propriétaire n'osait croiser le regard, le couvrait à présent de baisers enflammés. C'était à peine croyable, et j'étais aux premières loges pour profiter du spectacle.

Les deux camarades se levèrent d'un même élan, firent quelques pas titubants, et se laissèrent tomber sur le lit. Je les vis échanger un bref regard complice et plein d'envie, puis se remettre à la tâche. Quelques minutes plus tard, de premiers vêtements jonchaient déjà le sol. Ces deux-là étaient loin de perdre le nord !

Savourant la scène de mon bureau comme un spectateur devant son écran de cinéma, je reçus alors un message. "Fiston, le resto est annulé, on est sur le chemin du retour."

Ca-tas-trophe. Alerte rouge. *Defcon 5*[32]. Les parents allaient rappliquer d'une minute à l'autre ! Et bien sûr, j'étais en mode silencieux. Pouvait-on imaginer pire scénario ?? Tandis que Louis bloquait sur le soutien-gorge de Pam tel un candidat de *Fort Boyard* sur une énigme du Père Fouras, je réfléchis à une solution pour sauver le duo d'un horrible embarras. Une seule s'offrait à moi. Je n'avais pas le choix. J'avais conservé quelques notifications en réserve, et entrepris de les libérer une à une avec une vibration maximale.

Sur le lit, Louis et Pam avaient passé la seconde, continuant de s'effeuiller avec la maladresse touchante de leur jeunesse. Bien loin de faire attention à mes appels du pied, j'entendais au contraire leur étreinte s'intensifier ; toute la chambre semblait brûler. Il fallait faire vite. Chacune de mes vibrations me faisait légèrement remuer pour me rapprocher toujours plus du bord du bureau.

Nouveau message du père de Louis. "On cherche une place, tu peux nous mettre à chauffer

---

[32] Niveau d'alerte maximum des forces armées américaines.

une pizza ?" Repensant alors au sacrifice déchirant de Bruce Willis dans *Armageddon*, scène qui avait le don de faire pleurer Virginie comme une madeleine à chaque fois qu'elle se repassait le *DVD*, je pris une profonde inspiration avant de lancer l'ultime notification. Comme je l'espérais, celle-ci me fit basculer dans le vide, et je fis une lourde chute sur le parquet.

Louis se releva d'un bond.

— Attends c'est mon tél qui vient de tomber ?

J'étais complètement sonné, mais j'avais réussi mon coup. Laissant une Pam fiévreuse et éperdue, il se précipita pour me ramasser, et aperçut alors le nom de son père sur l'écran. Il lut rapidement le message et tira la sonnette d'alarme.

— Putain mes parents arrivent !!

— Quoi ?? Pam bondit à son tour pour rassembler tous ses vêtements en catastrophe ; Louis fit de même. Le duo se rhabilla du plus vite qu'il put tandis que le verrou de la porte d'entrée se faisait déjà entendre.

— C'est nous ! lança la mère de Louis.

Gagne du temps Louis, gagne du temps.

— Heu… j'arrive !

OK. Magnifique.

Ayant à peine bouclé son jeans, Louis plongea de tout son long sur le lit et envoya valser la boîte de préservatifs derrière sa table de chevet. Pam elle, se recoiffa, reprit son souffle et s'assit en essayant de prendre une pose naturelle.

— Hé bien alors, la pizza ? Oh !

Le père de Louis aperçut Pam. Pam aperçut le père de Louis. En un regard, ce dernier comprit. La mère de Louis entra à son tour.

— Maman, papa... je vous présente Pamela. Elle est venue m'aider à bosser mon anglais.

— Ravie de vous rencontrer ! lança une Pam enthousiaste, avec un sang froid qui forçait le respect.

— Nous de même, répondit le père de Louis, envoyant un clin d'œil discret à son fils. Désolé de vous déranger en plein travail... Vous avez mangé ?

— Non, on voulait reprendre tout le vocabulaire avant et on n'a pas vu l'heure passer. J'ai l'impression que ça commence à rentrer !

Le César du meilleur espoir masculin est donc décerné cette année à... Louis. Bravo !

— C'est très bien, acquiesça la maman, qui ne semblait pas avoir capté les mêmes informations que son mari. Vous venez avec nous du coup ?

La petite troupe quitta alors la chambre, encore toute imprégnée des "chaleureuses" révisions qui s'y étaient déroulées. Dans un état second, Louis n'avait pas remarqué la discrète fêlure apparue sur le coin supérieur droit de mon écran. Pas plus que Pam ne s'était rendu compte qu'elle avait enfilé sa robe dans le mauvais sens.

Selfies

Avec Virginie, j'avais du Ponpon plein ma galerie. Il n'y avait pas une semaine sans que mon ex-propriétaire *shoote* son matou flemmard, et exhibe ensuite les plus beaux clichés sur *Instagram*. J'espérais qu'avec Louis, la variété soit enfin de mise, et que l'ado, tout avide de nouvelles expériences qu'il était, fasse preuve d'un peu plus d'imagination pour m'utiliser. C'est vrai quoi, j'avais du mégapixel à revendre, et mon logiciel de traitement numérique était à la pointe !

Sauf que, là encore, j'ai déchanté. Car non seulement Louis n'avait pas l'once d'une bribe de début de talent pour la photographie, mais le sujet qu'il se complaisait à capturer à longueur de journée était aussi palpitant qu'une mise à jour annuelle de *firmware*[33] : lui-même. 598 selfies depuis le premier allumage, en comptant les trois d'hier au soir. Loin de moi l'idée de dire que Louis était le *Gollum* ou *Quasimodo* de son époque, mais disons qu'il ne serait pas vraiment du style à déchaîner les passions lors d'un casting *Hugo Boss*. Avec sa dégaine approximative et sa coupe à la *one again*, je pense même qu'il serait refoulé direct à l'entrée. On ne pouvait pas non plus dire que Louis avait une vie trépidante au point de montrer sa bouille à toutes les sauces. Et pourtant. Au saut du lit, devant son PC, au supermarché, avec ses potes, au ciné, à la bibliothèque, chez *Burger King*, au dernier salon de *japanime*[34]... Louis me brandit et passe en mode selfie. Pas hyper exigeant sur la qualité, il prend une ou deux photos maxi, et les balance ensuite dans des *Stories*, des publis ou des messages, se montrant partout et tout le temps, avec une variété d'expressions qu'on pourrait compter sur les doigts d'une main.

Fort heureusement, Pam, avec qui Louis filait le parfait amour depuis quelques semaines déjà, est venue briser cette routine et relever un peu le niveau. De selfies en solo, je suis passé à des selfies en duo : grimaces et fous rires à n'en plus finir, poses romantiques façon *Titanic*, visages collés regardant l'objectif avec des yeux de *chat potté*[35],

---

[33] Programme intégré permettant au smartphone de fonctionner.

[34] Salon dédié à l'animation japonaise et tous ses dérivés.

[35] Personnage célèbre de la saga *Shrek*, connu pour son regard craquant.

rien ne m'est épargné. D'autant qu'au contraire de son Jules, Pam est une maniaque de la qualité. Si une photo ne lui convient pas, on efface et on recommence.

— Fais voir ?? Non mais tu plaisantes, je suis horrible ! Supprime ça tout de suite !

— Non mais Louis, t'as vu ta tête ! Souris un peu !

— Olala, mes cheveux c'est pas possible, attends je vais arranger ça et tu en refais une.

— Pas mal celle-là... Mais la lumière, bof bof, on va changer d'angle.

Et Louis, en adoration devant sa nouvelle dulcinée, s'exécute à chaque fois sans broncher. Même quand je suis en surchauffe d'avoir trop servi, ou lorsque je crie famine avec mes 4% de batterie. "Pfff, ton tél est encore à court de batterie, il tient vraiment pas la route."

Ben voyons. C'est vrai qu'entre les sessions de *Temple Run* et *2048*, les alertes *Gamekult*, les envois ou réceptions incessants de mails, messages et *snaps*, auxquels s'ajoutent vos dizaines de selfies et vidéos, on peut dire que je me tourne les pouces. Si c'est comme ça moi je boude.

— Merde, voilà qu'il s'éteint maintenant.

— Super. Et vu que le mien est *HS*, on fait comment pour rejoindre les autres ?

— Attends je le rallume. C'est vrai qu'il bugge un peu depuis sa chute...

— Arrête donc de te plaindre, il reste mille fois mieux que le mien hein ! rappela Pam en enlaçant son cher et tendre.

Encore un peu vexé et loin de déborder d'énergie, je ne me rendis pas compte de la moue inhabituelle que fit Louis après avoir tapé son *code pin*.

La news

Fan d'actu *high-tech*, Louis se tient régulièrement informé des dernières nouveautés : jeux, composants, nouvelles technologies... Un pur geek. Dernièrement, il s'est mis à surfer sur des sites dédiés à l'actu des mobiles. J'y retrouve avec plaisir quelques infos sur mon constructeur, lequel se porte comme un charme, mais aussi sur certains de mes collègues. Aucun doute, tous les voyants étaient au vert. Nous les smartphones étions plus indispensables que jamais !

Or un beau jour, Louis tomba sur une *breaking news*, qui nous fit à tous deux l'effet d'une bombe. L'annonce d'un nouveau modèle. Et pas n'importe lequel, celui de ma gamme. Autrement dit... mon successeur. Je découvris en même temps que lui les caractéristiques incroyables du nouveau *flagship*[36]. Un meilleur écran, un processeur plus puissant, des fonctionnalités étendues, une étanchéité accrue... La claque fut d'une violence inouïe. J'étais battu. Dépassé. Balayé. Du jour au lendemain, je venais de prendre un coup de vieux fatal, et de me voir chassé de mon piédestal. Je savais pourtant que c'était ainsi ; la dure loi de la technologie. Que moi aussi, en mon temps, j'avais ridiculisé mes prédécesseurs par ma toute-puissance. Sauf que je n'imaginais pas ce moment arriver aussi tôt.

Cela dit, je tentais de chasser la déprime et de me rassurer. Je répondais à la moindre sollicitation de Louis, lançais tous les jeux les doigts dans le nez, avais de la mémoire plus qu'il n'en fallait... J'étais toujours au top pour mon propriétaire.

Mais je me voilais la face. Car lorsque Louis avait une idée en tête, il était impossible de l'en détourner. Le technophile était littéralement hypnotisé par ce nouveau modèle, au point de l'admirer quotidiennement sous toutes les coutures, de guetter chaque nouvelle information, et de comparer les prix du lancement. Pour moi, ce n'était plus qu'une question de temps. Et en effet, moins d'une semaine plus tard en rentrant des cours, Louis me déverrouilla... et lança *Le Bon Coin*.

---

[36] Porte-étendard, modèle principal d'une marque.

Accord

Louis va me vendre. C'est le début du mois et il vient de toucher son argent de poche mirobolant, dont il vaut mieux que je vous taise le chiffre par décence. Il a rapidement posté une annonce, à laquelle a répondu une petite dizaine de prétendants, très certainement ravis de voir un modèle encore très récent bradé à ce point. Trépignant d'impatience à l'idée d'acquérir mon remplaçant, mon futur ex-propriétaire a tout réglé en moins de 24 h. Alors que je me sentais si bien, ravi à l'idée de partager encore plusieurs années le quotidien de Louis et sa Pam chérie, tout allait prendre fin aujourd'hui. Les circonstances étaient clairement différentes, mais mon départ à venir m'apparaissait presque aussi brutal que le jour où on m'avait arraché à Virginie.

Tandis que Louis rassemble mon duo d'accessoires fétiche, chargeur et kit main-libre, je me remémore déjà nostalgique les quelques mois passés en sa compagnie ; tous ces fous rires, ces moments difficiles. Ces réveils à l'arrache, ces innombrables conversations avec Alexandre et Pam. Bien que Louis me revende au plus offrant sans l'ombre d'un scrupule, j'avais du mal à en vouloir à cet ado attachant et maladroit, qui n'avait jamais manqué de cœur et de bonnes intentions envers moi.

Pour sa gouverne, même en parfait état de fonctionnement, je n'étais plus aussi clinquant qu'à ma naissance. Poque, rayures, écran fêlé... On aurait dit que je sortais d'une bagarre ou d'une cuite carabinée. Les aléas de la vie m'avaient durement amoché. Mais quoi qu'il arrive j'allais rester digne. Après tout, je fonctionnais toujours. Et si ce n'était pas auprès de Louis, je pouvais encore rendre de sacrés services.

Soudain, la sonnette retentit. C'était le moment de dire adieu. Louis m'avait réinitialisé, nettoyé ; il avait ôté sa carte *micro SD*. J'étais à peu près présentable, et surtout fin prêt. L'ado me prit avec lui, et d'un pas décidé, alla ouvrir. Le suspense était insoutenable tant j'appréhendais de tomber sur un cas social ou je ne sais quel déséquilibré notoire. Mais je psychotais pour rien, et j'allais d'ailleurs en rester coi...

La porte s'ouvrit lentement, découvrant une fillette haute comme trois pommes, agitant ses bras dans tous les sens :

"Il est où le marphone ??"

Novice

— Il EST OUUUUUUUÙ ???

Excitée comme une puce, poussant la porte avec une énergie incroyable pour sa petite taille, la fillette se précipita dans le couloir et se mit à galoper devant un Louis médusé.

— Le marphone, le marphooooone !

— Eva ! On n'entre pas chez les gens comme ça !

Un homme s'engouffra à son tour dans l'appartement. À sa vue, l'ado leva la tête la bouche grande ouverte. Un véritable géant ! Il ne lui fallut d'ailleurs qu'une enjambée pour dépasser Louis ; puis deux autres pour attraper la petite furie.

— Viens par là, toi !

— HIHIHI !

Même dans les bras tentaculaires de son papa, la gamine remuait et gloussait de plus belle.

— Je m'appelle Eric ! C'est moi qui vous ai envoyé le mail.

Impressionné, Louis mit quelques secondes avant de prononcer le moindre mot.

— Bon... bonjour, bredouilla-t-il enfin. Voici le smartphone. J'ai tout préparé.

Louis me posa alors sur la commode face à lui, et attendit que le géant vienne inspecter la marchandise. En l'occurrence moi, vous l'aurez compris.

— Hum...

Eric, puisque c'est ainsi qu'il s'appelait, me jeta un œil intrigué, me fit pivoter dans un sens, puis dans un autre, sans m'allumer. Je jurerais à cet instant que cet homme n'avait jamais vu de smartphone de sa vie.

— C'est lui le marphone papaaa ?? Fais voiiiiir !

— On l'allume comment ? questionna Eric.

Bingo. Ça commence bien. J'ai quatre boutons en tout, dont deux pour le volume, mais visiblement c'est déjà trop compliqué pour ce monsieur.

— C'est tout simple, vous appuyez sur ce bouton, puis vous faites un *swipe*.

— Un *swipe* ?

— Papaaaa c'est quoi un souape ??

Ok Louis s'il te plait choisis un autre acheteur parce que là ça va pas le faire.

— Vous faites simplement glisser votre doigt vers le haut. Comme ça.

— Haaa, très ingénieux.

Non mais d'où vient ce type, de l'âge de pierre ?

— Je vous l'ai remis à zéro, vous pouvez mettre votre carte sim si vous souhaitez le tester.

— Je te fais confiance, petit. Et pour tout te dire... je n'y connais pas grand-chose.

Sans rire ? Ça ne se voit pas en tout cas.

— Pas de souci, de toute manière vous connaissez mon adresse. S'il ne fonctionnait pas vous pourrez toujours le ramener. En ce qui concerne l'état, vous pouvez voir que l'écran est légèrement fissuré. On va dire qu'il a vécu...

Hé ho, un peu de respect Louis. Le smartphone "qui a vécu" t'a sauvé la mise. Sans moi, tu te serais tapé la honte de ta vie.

— Ça ira, répondit Eric. Tu me fais un très bon prix et tu m'avais de toute manière signalé son état dans ton mail. Voilà ton argent.

C'est quoi, mon "état" ? Hé, je pète la forme moi !

Louis encaissa son butin sans sourciller, puis tendit un sac à Eric.

— Voici tous les accessoires. Tout fonctionne nickel. Vous faites une bonne affaire.

— C'est parfait Louis. Je file, je suis mal garé. Au revoir !

— AU REVOOAAAR !! cria Eva en remuant frénétiquement la main droite.

J'eus à peine le temps d'adresser un dernier regard à Louis avant qu'Eric ne referme la porte derrière lui.

Porte-toi bien, petit...

Du chinois

Une fois dehors, Eric continua jusqu'au bout de la rue, puis traversa, avant de s'arrêter face à une longue voiture *break* qui semblait bien loin de sa première jeunesse.

— Eva, tu vas être bien sage pendant que je t'attache, pas comme la dernière fois.

— Je veux le marphone, répondit la fillette en faisant sa plus belle moue.

— Sois raisonnable, on verra ça à la maison.

— JE VEUX LE MARPHOOOONE !!

Décidément, cette petite savait se faire entendre. Même mes haut-parleurs ne pouvaient rivaliser en termes de puissance.

— Très bien, abdiqua le papa. Tu vas faire le voyage avec lui, mais tu le tiens bien d'accord ?

Heu... Eric, comment dire. Je ne suis pas sûr que ce soit une bonne idée.

— OUIIIIII !!

Eva tendit ses mains le sourire jusqu'aux oreilles, et m'arracha avec avidité des mains de son père comme si ce dernier venait de lui faire un cadeau de Noël.

— C'est parti !! lança Eric en tournant la clé.

Le véhicule poussa alors un long râle étranglé ; une complainte suffocante qui faisait peine à entendre. Le conducteur s'obstina plusieurs fois, mais n'obtint pas le rugissement escompté.

— Ha non pas encore !!

Eric donna un coup de poing rageur sur le volant, puis défit sa ceinture.

— La voiture elle est encore cassée Papa ?

Lucide cette petite.

— C'est rien, Eva, elle fait la sieste.

— Comme Théo ?

— Oui voilà, comme Théo.

Eric sortit pour inspecter le moteur, me laissant seul avec ma partenaire de voyage. Parfait. La gamine n'allait pas mettre 20 secondes avant de m'envoyer valdinguer. Mais à ma grande surprise, Eva me tenait fermement de ses toutes petites mains, sans trembler. Elle me scrutait avec des yeux ronds emplis de curiosité.

— Tu dors, marphone ?

J'ai l'air de roupiller ? Écoute, petite, sois gentille et attends le retour de papa, surtout ne touche à r...

Eva appuya direct sur mon bouton marche, et d'un mouvement un peu brouillon du pouce et de l'index, me déverrouilla.

Ok. Elle a observé Louis le faire tout à l'heure, et a tout enregistré. Bravo, tu as réussi à m'allumer, maintenant ne fais plus un ges...

Son index commença à gigoter sur mon écran d'accueil, et Eva lança pêle-mêle mon calendrier, mon agenda, mon navigateur, ainsi qu'une recherche Google.

— Hihi !

Bon, je vois que tu t'amuses bien, mais s'il te plait arrête, tu pourrais toucher quelque chose qu'il ne faut p...

Eva ouvrit mes réglages, puis s'amusa à lancer des menus au hasard. Elle tomba sur le choix de la langue, et changea le français en chinois.

Eva NON !

— Bon, ça devrait faire l'affaire ! dit Eric en se réinstallant au volant. Eva, passe-moi le téléphone maintenant je vais dire à ta mère qu'on sera en retard.

— Voui papaaa !

— Mais... ! Qu'est-ce que tu as fait !

— Moi ? Mais rien, j'ai pas touché !

Pourtant prise en flag, la petite curieuse prit un air angélique et innocent, la lèvre inférieure retroussée et l'œil brillant. Sans aucun doute, on lui aurait donné le bon dieu sans confession.

— Bon... j'espère qu'il ne commence pas déjà à buguer. Ta mère va regarder ça.

Bien joué, Eva. Du grand art.

— Hihihi !

Animé

Le trajet dura une quarantaine de minutes, le temps pour le tacot rafistolé de se traîner à allure modérée jusqu'à un lotissement de proche banlieue. Eric s'arrêta devant la troisième maison d'une rangée de dix, en tous points identiques. J'avais l'impression d'être tombé dans *Desperate Housewives*, version *cheap*. Une fois dehors, bien que courte sur pattes, Eva courut comme une dératée jusqu'à la porte, et tambourina sauvagement :

— MAMAAAAAN C'EST NOUUUUS !

— Eva chérie, baisse d'un ton s'il te plait, lança mollement Eric en récupérant un sac à l'arrière.

J'entendis ensuite le coffre claquer, et le silence retomba lourdement.

...

Je ne rêvais pas, à peine m'avait-il acheté que mon benêt de propriétaire venait de m'oublier sur le siège passager. Ok, ça commence bien.

Environ deux minutes plus tard, il réapparut comme une fleur. "Ha te voilà toi !"

Hé bien écoute oui, je n'ai pas bougé, je t'attendais. Et tu seras gentil de me brancher, je crève de faim. Cet ingrat de Louis n'a même pas pris la peine de me recharger à fond ce matin. Tiens, vu que je suis gentil, voilà une notif.

Mais non seulement Eric ne prêta ni attention à mon écran, ni à ma LED clignotante, mais comment aurait-il pu y comprendre quoi que ce soit avec une interface en chinois !

L'intéressé fit quelques pas, puis ouvrit la porte. Et là mes aïeux, le comité d'accueil dépassa mes espérances les plus folles. Un brouhaha absolument terrible déchira d'emblée mes haut-parleurs. Je perçus tout d'abord la voix "Castafioresque" d'Eva, qui semblait prise de folie à sauter sur le canapé, avec une peluche plus grosse qu'elle dans les bras. Ensuite, j'entendis des pleurs déchirants emplir la pièce. Aucun doute, c'était un bébé qui donnait de la voix, et à percevoir ainsi sa capacité pulmonaire prometteuse, il devait forcément être apparenté à la petite puce sauteuse. Mais le pire était à venir, puisque des aboiements vinrent s'ajouter aux cris, et avant que je ne réalise ce qui se passe, un immense toutou nous sauta littéralement dessus à Eric et moi. Écrasé par la charge de l'animal déchaîné, et bien qu'à peu près aussi grand qu'un Kobe Bryant, mon propriétaire tomba à la renverse et me lâcha. À la rigueur j'aurais pu survivre à une chute sur le carrelage, après tout j'en avais vu d'autres. Mais évidemment ce gros pépère de chien me tomba dessus de tout son poids.

WOU WOU !!! aboya-t-il, visiblement satisfait de nous avoir mis tous deux au tapis.

— Durex ! Doucement, voyons ! cria Eric en se redressant tant bien que mal.

Du... rex ?! C'est une blague ? J'eus aussitôt un flash : Louis envoyant valser sa boîte de préservatifs derrière sa table de chevet.

— Comment tu vas mon toutou ?? dit ensuite Eric en caressant la bête, qui de son côté remuait énergiquement la queue et léchait tout ce qui était à sa portée.

Moi ça va, Eric, merci de t'en inquiéter. Je viens de faire une lourde chute, puis de me faire écraser par un animal de 700 fois mon poids. Mais c'est un détail.

Quand Eric se rappela de nouveau de mon existence, il put constater que je n'avais rien de cassé.

— Bon, il a l'air costaud ce téléphone, c'est déjà ça !

Sans commentaire...

Présentations

Une première impression ça compte. Mais si je restais sur celle-ci, alors autant me faire *hara-kiri*[37] tout de suite. Je décidai plutôt de laisser une chance à mon nouveau propriétaire de me dévoiler ses qualités, lesquelles ne m'avaient pas franchement sauté aux yeux.

Une fois Eric sur ses pieds, je pus observer un peu mieux le nouveau foyer dans lequel j'étais tombé. Et ma foi, on ne peut pas dire que la surprise m'assaillit au moment de faire l'implacable constat. C'était un bordel innommable. Si vous vous souvenez de la description que je vous ai faite de la chambre de Louis, transposez-la maintenant à une maison toute entière, et vous aurez une idée de l'étendue des dégâts. Je ne voyais rien dans le

---

[37] Rituel de suicide japonais du temps des samouraïs.

séjour qui eut pu être considéré de près ou de loin comme ordonné. Tout semblait au contraire bancal, retourné, déplacé. Cela dit, avec des spécimens comme Eva et Durex, je n'imaginais pas qu'une maisonnée, même rangée et nettoyée de fond en comble, reste dans un état impeccable bien longtemps.

Les pleurs du bébé se firent de nouveau entendre.

— Qu'est-ce qu'il a mon bout de chou ? questionna Eric.

— Oh tu sais, la routine !

La voix féminine qui venait de se faire entendre me frappa immédiatement par sa grande clarté. On aurait dit un son *HD*. Elle provenait d'une jeune femme assise dans le canapé, qui tenait un énorme bébé tout rond dans ses bras. Je compris aussitôt que sur le modèle de son papa, le braillard en question n'était pas destiné à être un modèle réduit, loin de là.

— Théo a mangé ?

— Oui, ça doit être la digestion qui le rend grognon. Alors, tu as trouvé ton bonheur ?

Ha, on s'intéresse enfin un peu à moi.

— Tout s'est bien passé. Le vendeur était un ado figure-toi ! Il m'a semblé plutôt connaisseur, je pense que c'est un bon modèle.

Tu m'étonnes que je suis un bon modèle ! Bon... OK ! Je ne suis officiellement plus un *flagship*, mais j'ai encore de quoi botter quelques fessiers c'est moi qui te le dis.

— Tant mieux. Fais-moi voir !

— OUIIIII JE VEUX VOIR MOI AUSSSIIIIII ! bondit d'un seul coup Eva. Je l'avais presque oubliée celle-là.

— Laisse voir maman, reprit Eric. Surtout que tu m'as fichu un sacré bazar hein ??

Le papa se saisit aussitôt de sa fille et la couvrit de chatouilles, ce qui entraina aussitôt une réaction en chaîne. La petite partit dans un fou rire, le chien galopa jusqu'au canapé pour venir lui lécher les pieds, et le bébé reprit ses vocalises de plus belle. C'était devenu trop calme depuis deux minutes.

— Quel est le souci ? demanda la jeune femme, dont la voix parvenait étonnamment à se faire entendre au milieu des cris et des aboiements.

— Notre petite curieuse a changé la langue en chinois ! À moins que ce soit du japonais ? Tu as bien réussi ton coup hein ??

— Hihihi c'est pas moooooaaaa papa !

— GAAAAHHHBEUH ! ajouta le bébé, qui avait par miracle stoppé sa crise de larmes. Ce qui devait probablement signifier quelque chose comme "Genre ! Ça ne peut être que toi, menteuse !"

— Nous voilà bien ! répondit leur maman. Par chance, j'ai une Chinoise dans la chorale. Je lui demanderai de jeter un œil demain.

— Tu es formidable, Noémie.

L'idée qu'il y ait une personne formidable dans cette maison me rassura quelque peu.

— Dis, tu as vu que sa batterie est presque vide ? dit-elle. Tu devrais le brancher pendant qu'on mange.

Oubliez formidable. Géniale.

Théo

La première soirée au sein de cette nouvelle famille fut pour le moins... agitée. Mais ça n'était qu'un avant-goût de ce que j'allais vivre.

Tout commençait bien pourtant. Branché plusieurs heures dans un recoin de la chambre, j'avais fait un copieux festin. Chinois oblige, Eric n'avait pas pu me configurer correctement, et je n'étais de toute manière même pas sûr qu'il aurait su comment s'y prendre. En conséquence, pour la première fois de mon existence, je n'étais connecté à rien d'autre qu'au réseau. Une banale antenne 3G, sans appli ni notif pour me perturber. Alors c'était ça les vacances ? Mais c'était sans compter le dernier rejeton de la famille, qui avait tout simplement décidé que cette nuit, il allait (nous autoriser à) dormir le moins possible.

Toujours posé dans mon recoin, non loin du berceau de Théo, je commençais à somnoler au rythme des ronflements de Noémie - des ronflements *HD* - quand tout à coup le bambin s'est réveillé.

— OUUUUUIINNNNNN, hurla-t-il subitement.

Je sortis de veille en sursaut au bord des palpitations. On tue quelqu'un ?? Mais non, c'était juste Théo qui reprenait son concerto en pleurs majeurs.

Eric, "encouragé" par sa dulcinée, alluma la lumière et décida tant bien que mal de s'y coller. Quelques paroles apaisantes plus tard, le bébé se calma. Mais rebelote 2h plus tard. Cette fois, il eut droit au biberon. Je fus frappé par la vitesse à laquelle Théo se calma, en avalant goulûment plusieurs gorgées du précieux breuvage. Plutôt pas mal cette technique. Moi aussi je peux hurler à la mort lorsque j'ai besoin qu'on me recharge ma batterie ?

À intervalles réguliers, Théo nous signifia donc plus ou moins poliment son besoin d'attention, ou de remplir son estomac. J'ignorais alors que cette situation allait se reproduire quasiment toutes les nuits, de toutes les semaines à venir.

Le lendemain, on ne peut pas dire que j'étais spécialement bien réveillé. Eric non plus d'ailleurs, qui donnait à manger un petit pot à Théo d'une main, tout en essayant de l'autre de trouver le fameux menu de changement de langue ; sans succès. Passablement énervé, il s'y prenait comme un manche, et ratait une fois sur deux la bouche de son fiston, lequel n'arrangeait rien en gesticulant dans tous les sens. Au moment où le téléphone fixe sonna, c'est quasiment tout le visage du pauvre bébé qui était recouvert de la mixture verdâtre peu ragoûtante que son père lui faisait ingurgiter. Eric le laissa à son sort sans même l'essuyer pour aller répondre, me posant à côté du petit pot, sur le plateau de la chaise haute.

Heu... Eric, tu fais quoi là ?

— BAAAAAA !

Trop tard, Théo avait déjà les yeux rivés sur moi. L'angoisse.

— GAAAAAH... ajouta-t-il, vraisemblablement fasciné par mon écran, toujours allumé en mode mandarin.

Il est gentil le bébé, il va rester bien sage en attendant son papa hein ? Théo ? Théo, non !

Les mains microscopiques du bébé, pleines de bouillie, commencèrent à tapoter mon écran en rythme. En quelques secondes à peine, il avait pris une teinte toute verte.

Beeeerk... J'en ai partout là, regarde ce que tu as fait. Allez, fini de jouer maintenant !

Mais Théo n'avait pas envie de s'arrêter en si bon chemin. Il commença à resserrer ses mains autour de moi, comme pour me soulever. Il me poussa contre le bord du plateau, et parvint à glisser ses doigts sous ma coque.

Eriiiiic reviens viiiite car là un drame se prépare !

Ma première angoisse fut qu'il ne me fit basculer dans le vide. Mais Théo était plus adroit que je ne l'aurais cru, et malgré mon poids conséquent pour de si petites mains, il parvint à m'agripper solidement et à me soulever.

Heu... Théo, qu'est-ce que tu fais ? Allez repose-moi tout de suite. Eric tu viens ? ERIC !

Le bambin me rapprocha alors de sa bouche et commença à me mordiller. Oui oui vous avez bien lu !

— BAAAABAAAAA ! s'écria-t-il.

Aiiiieuuuuuuh !

Théo me mâchonnait dans la joie et la bonne humeur, et j'étais à sa merci. J'avais l'impression d'être prisonnier de King Kong sur *l'Empire State Building*. Si je me libérais de sa prise, j'étais bon pour une chute vertigineuse et fatale. Si je ne me libérais pas, Théo allait bientôt me donner le coup de grâce en m'utilisant comme des maracas.

À L'AIIIIIIIIDE !

Et c'est à ce moment qu'Eric eut la bonne idée de revenir. Sa réaction me stupéfia.

— Bravooooo mon bébéééé ! On joue avec le smartphone ?

— GAAAGAAAAAA ! répondit Théo tout fier de lui.

C'est très bien Eric, encourage-le ! Regarde un peu mon état, c'est un carnage. Finir plongé dans une chasse d'eau ou mâchouillé par un bébé plein de petit pot, je me demandais quel sort était le plus enviable.

Dispensable

Les premiers jours en compagnie d'Eric s'avérèrent paradoxalement épuisants. Je n'avais certes strictement rien à faire, mais on ne peut pas dire qu'entre Durex, Théo et Eva, l'environnement était propice à la relaxation. J'espérais qu'une fois mes paramètres de langue modifiés, Eric m'éloignerait un peu de ce trio déchaîné pour m'utiliser à hauteur de mes capacités.

Sauf que pour ça, il aurait fallu qu'il *sache* m'utiliser. Or, je me demande si mon nouveau proprio avait déjà utilisé un smartphone de toute sa vie. Attendez, je rectifie. Je me demande si Eric avait déjà utilisé un objet *high-tech* de toute sa vie.

Il lui fallut une heure pour se souvenir de son mot de passe d'adresse mail afin de valider mon installation. Il lui en fallut une supplémentaire pour trouver, puis retranscrire correctement sur mon clavier le code wifi de sa *box* internet. Complètement perdu ensuite dans mon interface comme un Bédouin au beau milieu du Sahara, il se résolut à quémander un peu d'aide du côté de Noémie, laquelle semblait un peu plus à son aise avec les objets connectés. La maîtresse des lieux, avec une patience pour le moins admirable compte tenu des lacunes incroyables de son élève, se lança dans un *tuto* live clair et complet. Au sortir de cette soirée "Les smartphones pour les nuls", mon propriétaire connaissait le fonctionnement de base de l'appareil photo, du GPS, de quelques applis et de sa messagerie. C'était un petit pas pour moi smartphone, mais un grand pas pour Eric.

J'espérais que dans le cadre de son travail, il aurait par la suite l'occasion de me solliciter pour la gestion de son emploi du temps ou de ses mails professionnels. Mais là encore je me fourrais le doigt dans le capteur jusqu'au bouton *on*. Eric travaillait dans une petite maison de retraite nommée "Au bon repos", dans laquelle il officiait en qualité d'homme à tout faire ; du changement des ampoules jusqu'à l'organisation des repas, en passant par la plonge et l'animation. Une maison de retraite ?? Eric va avoir tout le temps de flâner et de télécharger quelques jeux pour tuer le temps, pensais-je naïvement. L'ambiance y avait l'air si calme, presque hors du temps. Mais j'avais tout faux ! Le pauvre n'avait pas une seule minute à lui.

Dans sa poche, je le sentais courir d'une salle à l'autre, se démener pour régler les soucis, et tenir la cadence des services. Et lorsqu'il n'était pas sous pression dans son travail, il lui fallait toujours s'assurer d'être dans le rythme pour emmener Eva à l'école, faire les courses, aller au pressing. Je devais me rendre à l'évidence, pour assurer toutes ces tâches, Eric n'avait aucunement besoin de moi. Je faisais la plupart du temps des allers-retours entre le casier de son boulot, ses poches, la boîte à gants de son tacot, et divers recoins dans lesquels il avait fréquemment l'inspiration de me poser, puis de m'oublier.

Je passais du statut d'indispensable à anecdotique. Bonjour la déprime !

Durex

J'ai autrefois entretenu des rapports pour le moins conflictuels avec Ponpon, le matou rondouillard de Virginie. Mais que Brigitte Bardot se rassure, je n'ai rien contre les animaux, bien au contraire. Ils sont plutôt mignons dans leur genre. Par contre, je ne sais pas si ce terme pourrait s'appliquer à Durex. "Gros patapouf foufou et trop affectueux" lui conviendrait mieux. Je vais bien sûr répondre à la question qui brûle certainement vos lèvres depuis mon arrivée chez Eric. Mais pourquoi diable donner à un chien un nom de préservatif ? Ayant laissé trainer mes capteurs lors d'une soirée arrosée où son maître a raconté l'anecdote, je vais vous expliquer ce qui l'a conduit à prendre cette décision complètement idiote.

Environ deux ans avant la naissance d'Eva, un soir où Eric et Noémie avaient une envie pressante, pas celle des chiens vous l'aurez compris, voilà que le couple se rend compte qu'il est à court de préservatifs. Grosse panique. Après une fouille minutieuse de tous les coins stratégiques de la maison, rien n'y a fait. Malgré l'heure tardive, Eric décida qu'il valait mieux faire une expédition nocturne pour dénicher un distributeur plutôt que renoncer à sa partie de jambes en l'air. Il a donc pris la voiture pour se rendre à la pharmacie la plus proche. Et voilà qu'en chemin, dans une nuit noire sans lune, le conducteur pressé manqua de percuter un animal planté en plein milieu de la route. Un écart miraculeux lui permit d'éviter le drame. Eric stoppa son véhicule pour aller à la rencontre de la bête. Il s'avérait que c'était un petit chien, sans laisse, probablement abandonné la veille. Il était par ailleurs dans un sale état, maigrelet au possible et blessé à plusieurs endroits. Eric ne put se résoudre à l'abandonner à son sort, et le prit avec lui, non sans renoncer à sa recherche désespérée de préservatifs. En souvenir de cette nuit pas comme les autres, plutôt que d'appeler ce pauvre toutou Rex, le nouveau maître adjoignit à ce nom un préfixe. Bon courage Eric pour expliquer plus tard à Théo et Eva que leur chien s'appelle comme un objet pour faire... enfin je veux dire qui sert à... bref, tu leur expliqueras.

Durex au demeurant est un charmant animal. Le seul problème, c'est qu'il lèche. Durex lèche absolument tout, c'est fou. Vos pieds dépassent de la couverture ? Durex vient les lécher. Vous êtes en train de cuisiner ? Durex vient lécher vos pieds, vos mains, et pendant que vous avez le dos tourné, tous les aliments que vous auriez fait l'erreur de laisser traîner. Tous les jours, lorsque je reviens du travail avec Eric, j'ai la boule au ventre de me ramasser comme au premier jour, vu que Durex nous saute systématiquement dessus comme le gros toutou bourrin qu'il est. Pour faire quoi au final ? Oui, nous lécher. Mon écran, qu'aucun de mes propriétaires n'a jusqu'ici eu la présence d'esprit de nettoyer avec un chiffon doux, a régulièrement droit avec Durex à un coup de langue bien baveux. C'est toujours mieux que rien.

Musique

Il faudrait être sourd pour ne pas s'en rendre compte, Eric et Noémie sont des mélomanes. Tandis que le premier enchaîne les accords de guitare, et passe en boucle des *playlists* de rock/métal bien gras, la seconde s'adonne au piano, se passionne pour le classique, et donne chaque semaine des cours de chant lyrique à domicile. J'en ai déduit que la tendance aux hurlements cacophoniques de Théo et Eva n'était que les prémices évidentes d'une vocation pour la musique. Les chiens ne font pas des chats, paraît-il.

Avec de tels énergumènes, croyez-moi qu'à la maison, ça crache les décibels. Quand Eric n'est pas en train de singer Brian Johnson d'*AC DC*, Noémie fait trembler les vitres sur les notes d'Ave Maria de Schubert. Au départ, je n'étais que le lointain spectateur de ce déchaînement sonore, avant qu'Eric ne se rende compte qu'il pouvait m'utiliser pour accorder sa *Fender*, et que Noémie ne me pose sur son piano pour jouer les métronomes. Je passe donc d'un rockeur qui prend un malin plaisir à pousser le son de son ampli au maximum, à une chanteuse dont la puissance vocale suffirait à réveiller un mort.

Régulièrement, histoire de faire monter encore d'un cran leurs inspirations "sonores", le couple appelle du renfort. Quelques coups de fil passés, deux/trois messages envoyés, et toute une bande de musicos débarque pour faire la fête et enchaîner les bœufs arrosés. Avec l'habitude, j'ai pu observer que ce genre de soirées montait crescendo. Ça commence bien sagement à rire en sirotant du rosé, et ça finit déchaîné à jouer n'importe quoi en prenant des substances qui font rigoler. Je n'avais que rarement connu une telle ambiance de fête, et ce n'était pas tout à fait pour me déplaire. Le plus souvent posé dans un coin, j'écoutais les uns et les autres raconter leurs blagues salaces et anecdotes de comptoir, et profitais de concerts improvisés plutôt agréables, lorsqu'ils n'étaient pas interminables.

Et les enfants dans tout ça ? Je n'ai jamais compris par quel miracle ils pouvaient trouver le sommeil à deux pas d'un tel tintamarre. Mais lorsqu'Eva était autorisée à se joindre à la fête les samedis soir, croyez-moi qu'elle s'en donnait à cœur joie.

Un passionné de musique ne pouvait décemment pas faire l'impasse sur de véritables concerts. Je me suis donc mis à écumer en compagnie d'Eric toutes les salles à 30 kilomètres à la ronde. Des caves humides et confidentielles aux salles *underground* flirtant avec la légalité, jusqu'aux arènes géantes et surpeuplées, on a tout fait. Avec un point commun pour tous ces concerts : Cette sensation qu'en une heure et des poussières, vous alliez ressortir en ayant perdu 95% de capacité auditive.

Si seulement j'avais pu rester dans la poche d'Eric, j'aurais pu préserver un tantinet mes capteurs ultra-sensibles. Sauf que Monsieur a réalisé que je filmais les doigts dans le nez, et en HD s'il vous plait. Alors il s'est mis à me solliciter en permanence pour capter quelques séquences. Mais allez savoir pourquoi, des dizaines d'autres spectateurs ont généralement la même idée. Voilà donc Eric en train de me brandir le plus haut possible au-dessus de sa tête, histoire d'éviter de filmer les mains de son voisin de devant, lequel tente d'éviter de filmer les mains de ceux placés avant lui. Moralité, la moitié des spectateurs présents a le nez sur son écran ou sur les mains de son voisin de devant. Pourquoi pas.

Bon, à la rigueur quand Eric peut filmer c'est que l'ambiance est raisonnablement tranquille.

Mais ça n'est pas toujours le cas, et je peux vous dire qu'une fois j'ai même eu la peur de ma vie. Placé en fosse, dans une ambiance surchauffée et passablement éméchée, à l'arrivée du groupe les fans sont devenus complètement fous. Ils se sont mis à se bousculer les uns les autres comme des animaux. Eric me tenait dans sa main, et j'ai bien senti qu'il avait un mal fou à se tenir debout, car ça se poussait de tous les côtés. Et là d'un seul coup, le guitariste a balancé un accord tonitruant qui a fait rugir les enceintes de la salle, auquel a répondu le batteur en faisant résonner ses caisse claire et Tom basse. Visiblement, c'était une sorte de signal : "OK les gars, c'est le moment de foutre un gros bordel". Les bousculades se sont alors muées en pogo anarchique, avec une telle force qu'Eric a lâché prise. Il s'en est fallu d'un cheveu, outre cette nouvelle chute bien rude, pour que je ne sois piétiné par cette meute de métaleux déchaînés. Mais mon propriétaire a heureusement fait parler ses réflexes, et j'ai pu m'en sortir indemne. Ce jour-là, j'en ai eu la confirmation. La musique ce n'est pas toujours la clé de l'amour et de l'amitié.

Cromeugnonne

Bien que je n'aime guère critiquer les collègues, niveau photo le smartphone de Noémie, c'est zéro pointé. 4 mégapixels, un flash faiblard, un seul objectif, une mise au point catastrophique... Il m'est arrivé de voir des clichés capturés par le modèle, et honnêtement ça m'a fait de la peine.

Si bien qu'en tombant un jour sur quelques-unes des photos prises à l'arrache par Eric avec mon mode *full auto*, Noémie eut un choc.

— Attends, ton smartphone il fait des photos de fou, là ! dit-elle aussitôt à son compagnon.

Eric, lui, semblait tomber des nues.

— Ha bon ? Fais-moi voir ?

Mon propriétaire examina ses propres photos, puis celles de Noémie sur son téléphone, et après s'être gratté la tête d'un air perplexe, la sentence tomba :

— Je ne vois même pas la différence.

HEIN ??? Faites venir un ophtalmologiste, on a une urgence, là !

— Tu plaisantes ? répondit-elle offusquée. C'est le jour et la nuit !

Merci Noémie, j'allais le dire. M'est avis qu'Eric ne saurait même pas faire la différence entre l'image d'une *VHS* et celle d'un *Blu-Ray*, alors on ne va pas trop lui en demander.

— Si tu le dis, acquiesça-t-il en haussant les épaules.

Sans surprise, Eric ne vit aucun inconvénient à ce que Noémie m'emprunte pour assouvir sa passion grandissante pour la photographie. Et j'allais découvrir quel était l'unique sujet qu'elle se complaisait à capturer à l'infini: sa fille. La maman avait créé un compte *Instagram* entièrement dédié à sa progéniture. Le nom : Eva_cromeugnonne. Et toutes les occasions étaient bonnes pour l'alimenter : une nouvelle petite robe idéale pour l'automne, un joli dessin témoignant de dons artistiques précoces, quelques mots d'anglais savamment répétés avec sa mère captés en vidéo avec en hashtag #tropfière, #bilingue... En plus de quelques photos triées sur le volet, Noémie postait environ 15 *stories* par jour du planning complet de sa fille. Toutes ses activités y étaient répertoriées.

Réveil, goûter, devoirs, anglais, piano, chant, anniversaires, vacances, et bien plus encore.

Eva, de son côté, était toute fière de faire l'objet d'autant d'attention ; de sa mère bien sûr, mais surtout de quelques milliers d'inconnus, dont le nombre grandissait chaque jour. Après chaque nouvelle photo postée, la petite trépignait d'impatience de connaître le nombre de *likes* que cette communauté d'*Instagramers* sous le charme allait lui décerner.

— FAIS VOOOOAR MAMAN !!!

— Regarde ma chérie, déjà 8 aujourd'hui ! Il faut dire que tu es tellement adorable avec ce petit chignon. Ça te dirait que demain après ma chorale on te fasse de belles nattes bien longues ? J'ai vu un super *tuto* sur *YouTube*.

— Oh ouiiiiii !!

Habituée à se faire "flasher", Eva avait acquis les réflexes d'un véritable modèle. Dès que sa maman faisait mine de la photographier, la petite dégainait toute sa palette de sourires, et prenait des poses de magazine. Lorsqu'elle ne le faisait pas, c'est Noémie qui prenait les choses en main.

— Allez, Eva, mets ton pied derrière l'autre comme je t'ai montré ; et ton bras gauche, mets-le derrière ton oreille ! Voilàààà !

— Comme ça, maman ??

Plutôt du genre obstinée et fofolle d'habitude, cette petite était étonnement sage et appliquée au moment de passer devant l'objectif.

— C'est pas mal. Mais attends, on va plutôt aller dans le jardin histoire d'avoir une meilleure lumière.

Noémie me rappelait Pam, et sa tendance à multiplier les photos jusqu'à trouver LA bonne. Une perfectionniste. En tout cas, ma galerie ne s'était jamais remplie aussi vite.

Noël

Un joli sapin brillant de mille feux, plusieurs générations réunies dans une ambiance douillette et chaleureuse, une impressionnante quantité de victuailles apparemment délicieuses... Pour ces premières Fêtes passées en compagnie d'Eric et de sa famille, tout se déroulait conformément au cahier des charges d'un Noël réussi. Eva, en particulier, paraissait excitée comme une puce – comprendre – encore plus que d'habitude. Entourée de ses cousins et cousines, la petite fille n'avait qu'un seul mot à la bouche depuis que nous avions quitté la maison : CADEAUX.

— Maman, c'est quand les cadeaaaaux ?? s'obstinait-elle à réclamer à Noémie, à peu près aussi fréquemment que le classique "C'est quand qu'on arrive ??".

— Pas encore, ma chérie, tu sais bien que le Père Noël a de nombreuses maisons à visiter.

— Mais pourquoi le Père Noweeel il commence pas par iciiiiii ??

Tu as raison Eva, il faut lui mettre la pression à ce Père Noël.

— Tu sais ce n'est pas facile pour lui, il a beaucoup, beaucoup de travail aujourd'hui. Sois patiente.

— Est-ce que le Père Nowel a lu ma liste maman ?? Tu lui as bien envoyé ma liste hein ??

Deux semaines plus tôt, avec l'aide de son père, Eva avait écrit une liste de cadeaux pleine de petits cœurs, mais surtout plus longue encore que celle des courses à *Carrefour*. Non sans quelques sueurs froides et un soupçon d'engueulades, le couple avait ensuite longtemps débattu des choix à opérer, et des cadeaux qui seraient sacrifiés. Leur objectif était simple : faire plaisir à Eva tout en évitant un drame. Tout un programme.

— Bien sûr que je lui ai envoyé, répondit Noémie. En courrier prioritaire même !

La petite regardait sa mère avec des étoiles plein les yeux, et parut se satisfaire de cette réponse. Du moins, en apparence.

Après un repas de Réveillon aussi copieux qu'animé, tout le monde partit se coucher. Dans cette grande maison, celle du frère d'Eric, les adultes avaient leur chambre au premier étage, tandis que les plus jeunes avaient été cantonnés au second, et pouvaient ainsi s'en donner à cœur joie tous ensembles. Posé à côté du lit sur la table de nuit, j'avais hâte que les heures défilent pour voir la mine réjouie des enfants à l'ouverture de leurs paquets. À entendre sa série de ronflements étonnamment mélodique, Noémie s'était rapidement endormie. Eric, lui répondait à quelques messages de Joyeux Noël, et notamment ceux d'Eléonore, une de ses collègues. La conversation dura près d'une heure, avant que mon propriétaire ne se décide enfin à fermer l'œil. Le silence retomba alors complètement.

Alors que mon mode veille s'était activé et que je commençais doucement à somnoler, j'entendis un léger craquement venant de l'étage supérieur. Tiens, les enfants ne dorment pas ? Peut-être l'un d'entre eux s'était-il levé pour aller aux toilettes. J'en entendis alors un autre, puis encore un autre. On marchait dans les escaliers. La porte de la chambre s'entrouvrit très doucement, et bien que n'y voyant absolument rien, je sentais qu'une présence approchait. J'avais vu quelques films d'horreur autrefois, mais à vrai dire ce n'était pas un genre dont j'étais bien friand, alors si on pouvait m'éviter un *jump scare*[38] ça m'arrangerait bien. Aucun doute, l'intrus n'était plus qu'à quelques centimètres d'Eric, et j'hésitais encore à donner l'alerte. De petits bruits sourds retentirent, et je compris qu'une main était en train de tâtonner sur

---

[38] Procédé de film d'épouvante consistant à faire sursauter le spectateur.

la table de nuit. Ainsi c'était moi qu'on était venu chercher. On cherchait à m'enlever ! Et c'est alors que la main en question m'attrapa, à la vitesse de l'éclair.

Le hold-up

Une toute petite main, que je reconnus aussitôt, celle d'Eva ! À pas de loup, la fillette repartit par où elle était venue, puis ferma la porte avec une impressionnante discrétion.

— Ssshhhh Victor, tais-toi ! chuchota-t-elle à son cousin, d'un an son aîné. Mais ce dernier n'était pas seul. Tous les petits étaient rassemblés, accroupis et blottis les uns contre les autres. On aurait dit les sept nains s'apprêtant à partir au boulot. Eva alluma alors mon écran, puis chercha dans mes paramètres, et activa le mode torche. La petite maline...

— Hééé, tu m'éblouis, s'emporta Cécile, une autre cousine.

— Mon papa il s'en sert souvent, des fois à la maison la lumière elle s'éteint toute seule, expliqua

Eva, qui devait sans doute faire référence à cette soirée où l'électricité avait été coupée parce qu'Eric avait oublié de régler la facture.

Les enfants, Eva en tête, descendirent alors les escaliers à la queue leu-leu, et s'assirent tous ensemble dans le salon, lumières éteintes. Je compris rapidement le plan machiavélique qu'ils avaient échafaudé : surprendre le Père Noël en pleine livraison, se jeter sur lui et dévaliser sa hotte. C'était Arthur, 7 ans, l'aîné et cerveau de la bande, qui avait imaginé l'audacieux braquage.

— Mais le Père Nowel il est gentil, pourquoi on lui demande pas si on peut pas avoir plus de cadeaux ? s'enquit Eva, inquiète de la tournure qu'allait prendre les évènements.

— Ben le Père Noël c'est rien qu'un gros radin, répondit Arthur la lèvre inférieure retroussée et l'œil mauvais. L'an dernier j'avais demandé une 3DS et un hélicoptère, et tu te souviens de ce qu'il m'a amené ? Une BD et un pantalon *Petit Bateau* !

Les enfants, choqués, tombèrent d'accord à l'unanimité sur la gravité de l'injustice.

— Alors ce qu'on va faire, c'est qu'on va lui piquer tous ses cadeaux ! Il paraît que sa hotte elle est immense, et qu'on peut ranger des milliards de paquets dedans !

— WAAAAAA, répondirent les enfants en cœur.

— J'ai envie de faire pipi, moi ! intervint Lise, l'une des plus petites.

— Ha non, pas maintenant ! se fâcha son grand frère.

— Mais comment on fait pour piquer les cadeaux ??

Question très pertinente Eva.

— Je suis le plus fort, alors je vais lui attraper les pieds. Toi et Lise, vous allez le pousser très fort pour qu'il tombe en arrière sur ses grosses fesses !

Les enfants pouffèrent de rire.

— Ensuite, reprit Arthur, on lui saute tous dessus et on lui donne un grand coup sur la tête, mais pas trop fort pour pas lui faire mal.

— Ouiiii je veux pas lui faire mal mooooaaaa ! Sinon Le Père Nowel il reviendra plus nous voir l'année prochaine !

— Ha zut, je n'avais pas pensé à ça.

Arthur porta la main à son menton, et parut soudainement en pleine réflexion.

— Ben oui, t'es trop bête ! Si on est méchant, le Père Noël il va plus nous donner de cadeaux et en plus il va tout dire à maman ! se révolta Lise.

La petite bande sembla alors rongée par le doute. Parti sur de bonnes bases, le casse du siècle paraissait de plus en plus compromis.

— C'est vrai que le Père Noël sait tout, alors je risque de jamais l'avoir ma PlayStation...

— Déjà que tu t'es fait gronder par papa à cause de ta dernière note en dictée hein !

Ce dernier argument acheva de convaincre Arthur de renoncer à cette folie. Le Père Noël allait finalement s'en sortir.

Non sans avoir piqué quelques bonbons et papillotes dans le placard, toujours à l'aide de ma torche, les enfants remontèrent calmement se coucher. Prudente, Eva alla me reposer où elle m'avait trouvé. Et le lendemain, je fus quitte pour une ouverture de cadeaux d'anthologie, à laquelle la fillette prit un énorme plaisir, trouvant parmi la pyramide de paquets la jolie poupée qu'elle avait placée en tête de liste. Quant à ce petit diable d'Arthur, il dut se féliciter d'avoir renoncé à braquer le Père Noël, en découvrant dans l'euphorie générale que ce dernier lui avait apporté la 3DS tant espérée.

Vacances

Avec Eric et Noémie, à l'inverse de ce geek ultra-sédentaire de Louis, j'allais avoir maintes fois l'occasion de m'aérer l'esprit. Dès qu'il en avait la possibilité, le couple n'hésitait pas à partir en escapade. Lorsque nous avons pris la route la première fois, j'étais plutôt enthousiaste à l'idée de me mettre au vert à la campagne. Je m'imaginais profiter d'un charmant petit week-end en chambre d'hôtes, ou d'un séjour 100% détente en thalasso.

Si bien que lorsqu'on a débarqué dans un camping à la ferme paumé au milieu de nulle part, j'ai compris que mon week-end en chambre d'hôtes allait rester dc l'ordre du fantasme. En lieu et place d'un mobil-home tout équipé, Eric m'a fait dormir sur un *karrimat*, dans une tente des années 70 toute trouée. Confort : zéro. Vu l'altitude, je peux vous dire que je me les suis gelés comme jamais ; mais ça n'était rien en comparaison de l'immense plaisir qui a été le mien de partager ma matinée avec la colonie de fourmis qui avait envahi notre abri.

Bon alors les bêbêtes vous êtes gentilles à prendre mon écran pour un hall de gare, mais il n'y a rien à bouffer ici, donc allez voir ailleurs si j'y suis. Eric, est-ce que tu voudrais bien me badigeonner d'insecticide ?

Et la petite semaine de descente en canoë, je vous en parle ou pas ? Lorsque Eric m'a posé entre deux tee-shirts dans un bidon en plastique, je me suis dit que finalement ça allait être plutôt tranquille. Quatre rapides et deux chavirages plus tard, j'avais déjà hâte qu'on mette un terme à ce cauchemar. C'est à se demander s'ils ne faisaient pas exprès de naviguer comme des manches, mais à les entendre s'écharper au milieu des eaux tumultueuses, nos petits problèmes de "flottaison" n'avaient rien d'étonnant.

— Chérie pagaye enfin !!

— Je ne fais que ça, hein ! Tu ferais mieux de nous ramener sur la gauche, on dérive là !!

— T'inquiète, je contrôle.

— Rocher droit devant !

— Ok, gauche ou droite ?

— Pars sur la gauche ! Attends non, prends à droite !

— Décide-toi m*** !

Ça c'était avant que le canoë n'aille faire plus ample connaissance avec le fameux rocher – comprendre – s'encastrer, puis ne bascule en arrière, avant de sombrer. Au bout de deux jours, j'avais compris que ce *remake* du Titanic allait devenir une routine.

Lorsque je quittais mon bidon, c'était uniquement pour me retrouver entre les mains de Noémie, debout sur son canoë pour prendre une vidéo ou un panoramique. Avec mon étanchéité à 1,5 m, quelle bonne idée de faire des photos sur une embarcation à l'équilibre précaire...

Eric et Noémie sont plutôt fans de sensations fortes, alors moi qui suis un tantinet pantouflard, je peux vous dire que ça m'a sorti de ma zone de confort. Toutefois, entre deux week-ends *canyoning* ou randonnée, il leur arrive de privilégier de temps en temps des moments au calme avec leurs enfants. Comme lors de cette semaine de vacances en mai, où la petite troupe s'est rendue au bord de la mer pour profiter du soleil. N'allez pas croire pour autant que pour moi ça a été repos et bronzette. Il a déjà fallu supporter pendant le trajet les humeurs de Théo, l'impatience d'Eva et les léchouilles de Durex. Le voyage, censé durer 4h, m'en a paru le double, et sans l'allume-cigare je serais arrivé complètement à plat, Eva m'ayant accaparé une bonne partie du trajet pour regarder des dessins animés.

— Papaaaa est-ce que je pourrai regarder le marphone ?? a-t-elle demandé une fois que nous sommes arrivés à la plage.

— Et si on allait plutôt faire un beau château de sable, qu'en dis-tu ma chérie ?

— Méheu, j'ai pas fini mon épisode d'abord !!

Pas de doute, cette gamine avait tout de la future accro à *Netflix*.

— J'ai dit non. Va plutôt donner un peu d'eau à ton frère pendant que je prépare ta pelle et ton seau.

Pendant quelques minutes, Eva fit mine de s'amuser à empiler les tas de sable, pendant que ses parents bouquinaient tranquillement sous leur grand parasol. Mais dès qu'ils se furent assoupis, elle vint aussitôt me chercher. Décidément.

— Viens marphone, on va jouer, shhhhh...

Heu Eva, c'est pas une bonne idée là. Et puis ma coque est sensible aux UV tu sais.

Mais il était inutile de raisonner cette petite, têtue comme une bourrique. Eva commença alors à creuser un trou avec sa pelle.

C'est bien, dis donc, tu en fais un joli trou dis-moi.

— C'est pour toi marphone, hihi !

Pour... moi ? C'est-à-dire ? Sois plus précise.

Si j'avais pu transpirer, une goutte de sueur aurait perlé le long de mon écran. Ni une ni deux, Eva me prit dans ses petites mains, et me déposa délicatement au fond du trou.

— Tu vas faire une sieste marphone, d'accooord ?

Heeeeeuuuuu non ! Pas d'accord du tout Eva ! Eriiiiiiic ta fille est en train de m'enterrer vivant là !!

Mais la petite commençait déjà à me recouvrir de sable humide. J'étais totalement en panique. C'est alors qu'une aide providentielle m'évita de subir le même sort que Ryan Reynolds dans *Buried*.

— WOU WOU !!!

Durex, mon sauveur ! Allez mon chienchien aboie plus fort !

— WOUUUUUUUUU !!!

— Shhhh Dudu tais-toiiiii !!

— WOU WOU WOU !

Pas totalement recouvert de sable, je voyais Durex alterner les aboiements et les câlins bourrins. Si bien qu'Eva n'était plus en mesure de faire quoi que ce soit. Brave toutou.

— Eva, qu'est-ce que tu fais ?? intervint finalement Noémie. Mais ! C'est le téléphone de papa que tu enterres ??

— C'est pas moi, c'est Dudu !!

Hé ho, l'arme du crime est encore dans ta main Eva, alors n'espère pas nous faire gober ça.

— Allez ma chérie, on va plutôt aller jouer dans l'eau, qu'est-ce que tu en dis ? Et puis on fera quelques photos !

— OUIIIIIII !!

Bon, une catastrophe évitée de justesse. Une de plus.

Jalousie

J'avais déjà pu observer l'étrange relation qui unissait Eric à sa collègue Eléonore. Ces deux-là s'entendaient comme larrons en foire. Que ce soit au boulot, ou par texto. De tous ses contacts, elle était celle à qui il écrivait le plus. Et bien qu'à ma connaissance, il ne se soit rien passé de répréhensible, Eric prenait toujours bien soin d'écrire à Eléonore en catimini, dans le dos de Noémie. Quand celle-ci faisait prendre le bain à Eva, ou donnait ses cours de chant par exemple. Aspirant à la plus grande discrétion, mon propriétaire allait pourtant commettre une bourde de débutant.

Mes paramètres par défaut étaient réglés de telle sorte que chaque message s'affiche sur mon écran, et ce benêt d'Eric n'avait évidemment même pas imaginé que sa compagne surprendrait un jour l'arrivée d'un message. C'était un soir où il prenait une douche. Noémie feuilletait un magazine, et lorsque mon écran s'alluma sur la table basse, elle ne put s'empêcher de laisser trainer son regard. "C'était trop bien hier. J'ai hâte de remettre ça. Kiss", avec le prénom marqué en gros au-dessus du message. En voyant le visage de la jeune femme, j'ai immédiatement compris que ça allait barder grave.

— TU PEUX M'EXPLIQUER CA ??

Noémie, dont le visage avait viré au rouge tomate, avait sauté sur Eric dès son arrivée dans le salon.

— Ha ! Heu... Mais oui bien sûr !

— Très bien, je t'écoute !

— Je t'ai déjà parlé d'Eléonore non ? C'est une collègue.

— Pourquoi cette nana t'écrit ?? Et qu'est-ce qu'elle veut dire par remettre ça ??

— Oh, elle parle juste d'une partie de poker qu'on a fait pendant la pause déj. On a bien rigolé, mais ça ne va pas plus loin.

— Tiens donc !

Noémie ne paraissait pas calmée pour autant.

— Et vous vous écrivez souvent avec cette fille ??

Outch, question piège. Eric, réfléchis bien avant de donner ta réponse.

— Pas très souvent pourquoi ?

Aïe. Mauvais choix.

— Ne te fous pas de moi !! hurla Noémie, hors d'elle.

— Mais non, pourquoi tu dis ça !

— J'ai ouvert ta conversation, il y a des dizaines de messages ! Vous vous écrivez presque tous les jours !

Fail n°2 d'Eric : pas de code ni de déverrouillage par empreinte.

— Alors comme ça, tu fouilles dans mon portable ?? Tu ne veux pas éplucher mes mails aussi tant que tu y es ??

— Ne change pas de sujet ! Je te trouve bien familier avec elle !

— Familier familier... comme avec une collègue quoi !

— TROP familier à mon goût ! Et ça ne me plait pas du tout !

— Tu ne me fais pas confiance ou quoi ??

— Vu le genre de conversations que tu as avec elle, je commence à me poser des questions !

— Ha oui ? Et si on allait examiner tes conversations à toi aussi ? Tes sms, Instagram, Messenger et compagnie ? Est-ce que tu crois qu'il n'y aurait rien à redire ?

Noémie parut troublée, et baissa aussitôt d'un ton. Avait-elle elle-même quelque chose à cacher ?

— Ce ne sera pas nécessaire... Tu dois juste me promettre qu'il ne se passe rien avec elle.

— Rien. D'accord, j'ai peut-être été un peu familier, et je ferai plus attention.

Ce soir-là, les explications durèrent une bonne partie de la nuit. Je n'avais que rarement assisté à une dispute aussi rude, et j'espérais que le couple retrouve sa bonne entente au plus vite. Je l'ignorais alors, mais cet orage venant troubler la petite vie tranquille d'Eric ne serait bientôt que le cadet de mes soucis.

La maladie

Cela avait pris un peu plus de temps qu'à l'accoutumée, mais j'avais fini par trouver mon équilibre aux côtés d'Eric et sa famille. Des gens charmants, joyeux, dynamiques, tournés vers la musique, et jamais en panne de sourires. Mon propriétaire avait pris ses marques avec moi, et moi avec lui. Je ne me sentais pas toujours indispensable ni compris, mais lorsque Eric avait besoin de moi, j'essayais en tout cas de le satisfaire du mieux possible. Marqué par les chutes successives, je me trouvais dans un état peu reluisant. J'en suis persuadé, d'autres utilisateurs m'auraient considéré comme fini. Je sentais toutefois que cette petite famille m'appréciait pour ce que j'étais, et pour les services que j'étais encore en mesure de lui offrir. Un tableau non loin d'être idyllique.

Sauf qu'un beau jour, sans que je ne l'aie vu venir, les choses commencèrent à changer. Eric et Noémie cessèrent subitement de m'utiliser comme ils en avaient l'habitude. Consulter les séances ciné, réserver un resto, chercher une berceuse pour Théo... Les moindres petites tâches anodines auxquelles ils m'avaient autrefois habitué se raréfiaient de plus en plus. Il n'y avait pourtant pas eu de changement particulier dans leur vie qui justifie un tel traitement. Et les choses allèrent hélas de mal en pis.

Au fil des semaines, Eric cessa progressivement d'utiliser ses quelques réseaux sociaux, et ne se connecta plus sur Internet. Pas même pour consulter les prochaines dates de concerts ! Les deux seules choses pour lesquelles il m'utilisait encore étaient ma fonction réveil, ainsi que les sms. Autrement dit, le minimum vital.

La seule chose qui me procura un semblant de réconfort était de m'apercevoir que Noémie avait réservé le même sort à son propre smartphone.

Quelle mouche les avait donc piqués ? Qu'avions-nous fait de mal pour être ainsi laissés de côté ?

J'allais apprendre un peu plus tard que l'ensemble de la population était en train de se détourner des objets connectés dont je faisais partie. Le nom de cette étrange maladie ?

E-STORIC[39].

---

[39] Fuite générale de l'historique des internautes ayant abouti à une crise planétaire. Voir livre du même auteur.

Rebut

Cette période troublée dans laquelle entra Internet changea du tout au tout la façon dont on utilisait les smartphones. Les rares fois où Eric se rendait en ville en train, je ne pouvais que constater les dégâts autour de moi. Où était passée la population *addict* à ses compagnons numériques ? En lieu et place, chacun avait ressorti bouquins et mots croisés, et faisait comme si nous n'avions jamais existé. Pendant des semaines, le sujet E-STORIC passionna les foules, jusqu'à la maison de retraite, où Eric en parlait d'une manière enflammée avec ses collègues.

Ce jour-là, alors que j'étais dans sa poche, il en discutait avec Eléonore, qui l'aidait à servir les repas du soir aux résidents.

— Il parait que le gouvernement va faire voter une loi pour interdire de visiter le site, dit Eric.

— Ce serait une bonne chose, non ? Je ne suis pas très tranquille à l'idée qu'on visite mon profil... Qui sait combien de personnes l'ont déjà fait.

— Moi, par exemple, haha ! Ok, je plaisante.

— Tu te crois drôle ?

— Il vaut mieux en rire. Noémie est devenue complètement parano à cause de cette histoire, alors bon.

— Oui ben au lieu de rire, sers donc Madame Bailly, tu sais bien qu'elle a horreur quand c'est froid.

— Ha ça... Voilà Madame Bailly ! Comment allez-vous aujourd'hui ?

— Très bien Eric, merci, répondit une dame à la voix ténue et tremblante. Qu'est-ce que vous nous avez préparé aujourd'hui ?

— Saumon et endives. Le chef s'est surpassé.

— Attendez donc que je goûte avant de dire qu'il s'est surpassé.

— Haha, vous avez tout compris Madame Bailly. À tout à l'heure ! Je disais donc que Noémie est devenue parano, et je n'ose plus non plus me servir d'Internet ; d'ailleurs mon téléphone prend la poussière, reprit Eric.

Ha, on parle de moi. Au moins il se souvient que j'existe.

— Pareil... Du coup tu ne t'en sers plus ? Pourquoi tu ne le donnes pas ?

Hein ?? Hé ho !

— Le donner ? Qui en voudrait ?

Outch... La conversation me faisait un peu plus mal à chaque nouvelle phrase. J'entendis alors dans la poche d'Eric une voix calme et posée répondre à la question.

— Moi, par exemple.

Quoi !? Comment ça "moi" ?? Il s'agissait visiblement d'une résidente.

— Vous seriez intéressée par un smartphone Madame Mercier ?

— Oui, pourquoi pas ? Excusez-moi de m'immiscer dans votre conversation. J'aurais bien besoin d'un téléphone pour communiquer avec ma famille.

— Le fixe n'est pas installé dans votre chambre ? demanda Eric.

— Si bien sûr, mais si je pouvais éviter d'avoir à me déplacer à chaque fois qu'on m'appelle, ça m'arrangerait bien.

— Je finis mon service, et si vous voulez on en reparle.

Ils en reparlèrent. Et en l'espace de quelques minutes, j'avais changé de propriétaire.

Suzanne

À mes débuts dans le métier, j'étais persuadé d'être un crack, inégalé et indétrônable. L'insouciance de la jeunesse m'avait fait commettre quelques faux pas, et il était inévitable que je finisse par prendre quelques claques. À présent, l'expérience aidant, j'étais plus que lucide sur le smartphone que j'étais devenu. Bien qu'encore tout à fait capable, je commençais à sérieusement accuser le poids de l'âge. Mon écran était fissuré, je tenais moins la charge, il m'arrivait régulièrement de buguer, et cerise sur le gâteau, mon inutilité patente était désormais avérée. Si bien que finir en maison de retraite apparaissait finalement comme la logique même... l'ironie du sort en bonne et due forme.

Je n'eus même pas l'occasion d'apercevoir une dernière fois ma petite famille, Eva, Théo, Noémie, et bien sûr ce gros patapouf de Durex. Eric me laissa cogiter toute la nuit dans son casier, puis me remit le lendemain à Madame Mercier, en prenant bien soin de lui expliquer quelques-unes de mes fonctionnalités. J'eus la sensation qu'elle n'en comprit pas la moitié, et qu'elle ne se servirait pas d'un quart de celles qu'elle avait assimilées. Téléphone et sms, sur un grand écran bien lisible, voilà tout ce qui semblait lui importer.

Ainsi donc commença pour moi une nouvelle vie au Bon Repos, en compagnie de Madame Mercier, que j'hésitais encore à appeler Suzanne, par respect. Assez grande, très mince, son visage n'était pas tellement marqué pour son âge. Elle était toujours vêtue et apprêtée avec soin, et ses gestes calmes et posés laissaient transparaître une élégance de tous les instants. Voilà qui allait me changer du look *freestyle* d'Eric, et de ses manières pour le moins rudimentaires. Ma nouvelle propriétaire était une personne âgée certes, mais j'avais l'impression qu'elle avait conservé toute sa vivacité d'esprit. Il fallait la voir taper la discute avec ses copines Nelly et Marie-Claude; de vraies pipelettes, à l'aise sur bien des sujets ! Le plus souvent, Madame Mercier me gardait auprès d'elle, posé sur une table ou glissé dans son petit sac. Pour le moment, je me contentais d'un rôle de spectateur, puisque nous étions toujours en attente de la création d'un abonnement chez un opérateur, et de la réception d'une carte sim, attendue pour les jours à venir.

Lorsque ce fut fait, ma propriétaire appela avec une fierté non dissimulée sa fille Camille, afin qu'elle transmette à son tour le tout nouveau 06 à l'intégralité de la famille. Elle lui demanda également les numéros de mobile d'une liste impressionnante de proches, de ses anciens voisins de palier jusqu'à ses petits-enfants. Avec l'aide d'Eric, que je continuais de voir au quotidien pendant ses heures de service, Madame Mercier devint bientôt une experte des sms. Entendons-nous bien, les débuts furent laborieux. La sensibilité de mon écran tactile et mes nombreux paramètres lui posèrent bien des problèmes. Mais je dirais que la résidente, dans cet environnement si calme et éthéré, n'était pas des plus débordées. Par ailleurs, sa patience forçait le respect.

Alors elle mit du cœur à l'ouvrage pour s'améliorer. D'un niveau proche de zéro, les progrès furent réguliers. Non seulement sa maîtrise de mon écran tactile et de mon clavier se bonifiait de jour en jour, mais j'étais époustouflé de la qualité de son expression écrite. Ayant connu le charabia abrégé de bien des utilisateurs, à commencer par ce fainéant de Louis, le contraste était édifiant : j'avais soudainement l'impression de lire du Maupassant. Il n'y avait pas de petit message avec Madame

Mercier. Pas de phrase qui ne comporte un sujet, verbe, complément. Pas de mot qui ne soit orthographié à la perfection. Ma propriétaire écrivait les sms comme on rédige une lettre, à l'ancienne. Un style *old-school* plutôt plaisant en vérité. Jusqu'ici, je n'avais rencontré que des personnes qui m'utilisaient à l'arrache, jonglant entre applis et messages sans jamais prendre le temps d'agir posément. Des utilisateurs tellement accros qu'ils me déverrouillaient des dizaines de fois par jour, parfois sans aucune raison. À contrario, avec Madame Mercier, je savais que cela avait du sens. Je savais que lorsque la vieille dame m'attrapait, c'était dans un but précis, mûrement réfléchi.

Alors bien sûr, j'ai dû me faire à ce nouveau rythme de vie. À n'être sollicité qu'avec parcimonie. Alors qu'à mes débuts je n'avais pas une minute à moi, il me fallait désormais tuer le temps entre deux utilisations. Et moi, quand j'ai du temps c'est plus fort que moi, je cogite ; je réfléchis au sens de ma vie. Pourquoi étais-je passé d'un statut de *must-have*[40] à celui de dispensable ? Pourquoi étais-je autrefois de toutes les aventures, de toutes les confidences, pour me retrouver aujourd'hui posé sur un vieux guéridon à me faire ch... comme un rat mort ? Était-ce là mon destin de smartphone ? Je n'avais aucune réponse à toutes ces questions qui me trituraient le processeur. Je me raccrochais

---

[40] Indispensable

simplement à l'idée qu'une personne avait encore un minimum besoin de moi, et que pour elle, je me devais d'être là.

L'anniversaire

Suzanne trépignait d'impatience. Elle allait avoir l'immense bonheur de voir ce dimanche une bonne partie de sa famille. Et pour cause, c'était son anniversaire. N'étant pas une personne particulièrement démonstrative à l'accoutumée, je me réjouissais de la voir à ce point guillerette, et pressée d'arracher chaque matin une nouvelle page de son petit calendrier.

Il faut dire que la résidente n'avait que peu d'occasions de voir du monde. Après plusieurs semaines passées à ses côtés, mais aussi aux côtés des autres pensionnaires du Bon Repos, j'étais frappé de voir à quel point toutes ces personnes semblaient plongées dans une morne solitude, prisonnières d'une routine qu'elles n'avaient pas souhaité. Où étaient donc passées les familles nombreuses que la plupart de ces personnes avaient fondées ? De ce qu'il me semblait avoir compris au fil du temps, Suzanne avait trois enfants, et je ne sais combien de petits enfants. Pourtant, elle n'avait reçu la visite d'*aucun* d'entre eux. Et bien que n'en faisant aucunement mention dans ses messages ou conversations, je sentais bien sa peine et son amertume de passer aussi peu de temps en famille, elle qui était pourtant à l'orée de sa vie.

Dans tous les cas, il n'était point question de faire grise mine à l'approche d'un tel évènement. Avec l'organisation millimétrée qui était la sienne, Suzanne avait tout planifié. Camille et son mari passeraient la chercher vers 11h, pour la conduire dans un restaurant de campagne où toute une partie de la salle avait été privatisée. Ma propriétaire ne cessait d'échanger par sms avec sa fille pour s'assurer que chacun aurait une place le jour J.

— Est-ce que Jérôme sera là ? demanda-elle encore le samedi soir.

— Oui, maman, je te l'ai déjà dit.

— Il faut prévoir une table pour les enfants qu'en penses-tu ? Ce serait bien qu'ils puissent manger puis jouer ensemble à l'écart des adultes.

— Mais bien sûr, tout est prévu.

— Si jamais il pleut, peut-être faut-il apporter des jeux qu'en dis-tu ? J'ai regardé la météo tout à l'heure et ils n'annoncent rien de bon.

— Cesse de t'inquiéter pour tout maman, c'est ton anniversaire qu'on va fêter, pas celui des enfants !

— Je veux que tout le monde soit content.

— En tout cas je vois que tu maîtrises parfaitement ton nouveau téléphone, j'ai sans cesse de tes nouvelles ! Si tu allais embêter un peu Albert pour changer ?

Hé ho, un peu de respect ma petite. Et tout à fait, Suzanne gère ses messages comme une pro.

Le lendemain, ma propriétaire vit avec satisfaction sa fille cadette arriver à l'heure prévue, en compagnie de son mari Nicolas. Actuellement à l'étranger pour ses études, leur fils Noah ne pourrait être là, mais il avait très gentiment prévenu sa Grand-Mère il y a de cela plusieurs semaines. Suzanne, qui s'attendait à recevoir de nombreux appels aujourd'hui, avait été prévoyante, et m'avait rechargé à 100%. Elle s'était également souvenue comment me mettre en mode vibreur, afin de ne pas être dérangée en permanence. Pas de doute, nous étions parés pour vivre un agréable dimanche.

Malheureusement, je me suis rapidement rendu compte que j'allais passer l'essentiel de la journée dans l'obscurité du sac de Suzanne, coincé entre son portefeuille, son parapluie et ses cachets pour la tension. Dès l'arrivée au restaurant, je tendis mes capteurs pour me délecter de ces instants tant attendus de retrouvailles entre ma propriétaire et sa grande famille, mais tout ce que je pus entendre fut quelques éclats de voix et rires étouffés. Pas de quoi fouetter un chat. Les heures défilaient et je devais me faire une raison, je ne reverrais la lumière du jour qu'une fois rentré au Bon Repos.

Mais soudain le sac de Suzanne s'ouvrit, et cette dernière m'en extirpa manu militari. Ébloui par les lustres du restaurant, et par les nombreux éclats de voix environnants, je mis quelques secondes avant de me remettre les idées d'aplomb.

— Alors c'est ça ton fameux nouveau téléphone ? Il est en piteux état maman ! déclara un homme d'âge mûr, attablé à côté de Suzanne.

Ha ben merci, ça fait plaisir. Sympa l'accueil.

— Il fonctionne merveilleusement bien et c'est là l'essentiel, répondit-elle avec gentillesse.

C'est bien ma Suzanne ça.

— Avec tout ce qui se passe en ce moment sur Internet, on ne sort quasiment plus les nôtres, ajouta un jeune homme assis en face. Mais toi tu es une immaculée[41] Grand-Mère, tu ne crains rien.

— Immaculée ? Qu'est-ce que ça peut bien vouloir dire ?

— Oh... ce serait trop long à t'expliquer.

— Vois-tu, j'ai tout mon temps.

— Laisse maman, on va plutôt faire quelques photos, qu'est-ce que tu en dis ?

---

[41] Expression née de la crise E-STORIC : Individu n'ayant eu aucune activité sur le web par le passé.

Camille, assise un peu plus loin, s'était approchée de notre place.

— C'est une excellente idée ma chérie.

Dans un intense brouhaha de voix et de chaises, tous les convives se levèrent alors pour poser avec la star de la journée. Resté sur la table, j'étais masqué par un pot d'eau et un grand bouquet de roses, et ne pouvais donc pas profiter de la joie de Suzanne, qui devait être aux anges. Au bout de quelques minutes, elle m'invita pourtant à me joindre à la fête. Chouette !

— Jérôme, sois gentil et va me chercher mon téléphone s'il te plait. Il prend de très jolies photos et j'aimerais en avoir quelques-unes avec moi dès ce soir.

Avec l'aide de plusieurs membres de la famille, je fis donc de mon mieux pour immortaliser la joie de Suzanne d'être ainsi entourée de ses proches. Et c'est lorsque je crus la séance photo terminée que l'impensable se produit.

— Et moi, Grand-Mère, tu m'oublies ??

Je restai figé en entendant cette voix, qui provenait de l'autre bout de la table. Une voix que je connaissais si bien. À vrai dire, je l'aurais reconnue entre mille. Non, impossible...

Le destin

— Je ne voulais pas te faire lever, Virginie, répondit Suzanne. Avec le bébé, ce n'est pas raisonnable.

Virginie... Pincez-moi, je veux être sûr que je ne rêve pas. Elle était bien là à quelques mètres de moi, resplendissante comme au tout premier jour de mes fonctions de smartphone. Virginie, que je croyais ne plus jamais revoir, était la petite-fille de Suzanne ? Par quel miracle était-ce possible ? Elle avait en tout cas un ventre bien rebondi, et se tenait, heureuse, aux côtés de Matthieu. Cette vision me combla de joie au-delà de tout ce que j'avais connu jusqu'ici.

— Alain, viens donc photographier ta fille, histoire qu'elle ne reste pas debout trop longtemps.

— Tu sais je n'en suis qu'à sept mois, ça ira Grand-Mère, répondit Virginie de son air obstiné que je connaissais si bien.

Si seulement ma première propriétaire pouvait s'approcher un peu et me reconnaître. Mais c'était peut-être trop demander au destin que d'accoucher de deux miracles coup sur coup.

— Souriez... c'est bon ! dit Alain. Jérôme a raison, il n'est pas en très bon état ; cela dit, il a l'air d'être plutôt pas mal niveau photo ce téléphone.

— Ha oui, c'est vrai que tu as un smartphone Grand-Mère maintenant ?? Fais-moi donc voir cette merveille.

Mon processeur se mit à chauffer à s'en rompre. Je n'aurais plus jamais une telle occasion.

Virginie s'approcha de son père, et me prit dans sa main. Quelle extraordinaire sensation j'éprouvai alors, au contact des doigts délicats de la jeune femme ; celle de revenir chez moi ; d'être de nouveau à ma place. Virginie me scruta de ses yeux malicieux.

— Dis donc, c'est vrai qu'il est bien amoché ! Pourquoi n'en as-tu pas acheté un neuf, demanda-t-elle à Suzanne.

— Pourquoi faire ? Il marche très bien. D'autant que c'est un très gentil monsieur de la résidence qui me l'a donné.

— Tu sais c'est drôle Grand-Mère ! C'est le même modèle de téléphone que j'avais autrefois. Tu en as de la chance, c'est le meilleur que j'ai jamais eu.

Les mots de Virginie me touchaient tellement que je n'arrivais même plus à fonctionner correctement. Les réveils à l'arrache, les chansons sous la douche, la rencontre avec Matthieu, les soirées séries, les footings, les sorties avec Marie, tout ce passé insouciant des premiers instants de ma vie se projetait dans ma mémoire telle une rétrospective.

Virginie continuait de me faire tourner entre ses mains, comme prise de nostalgie elle aussi. Et c'est alors qu'elle fronça les sourcils.

— Mais...

Elle m'avait approché à 20 centimètres à peine de son visage.

— Ce poque, là ! Sur le côté droit !

Oui Virginie. Oui, c'est bien moi.

— Ce n'est pas possible...

— Qu'y-a-t-il ma chérie ?

— Grand-Mère tu ne vas pas pouvoir le croire. C'est mon ancien smartphone ! Matthieu, viens voir !

— Ton ancien smartphone ?

— Celui qu'on m'avait volé il y a deux ans ! Matthieu regarde ce poque. C'est lorsque je l'ai fait tomber dans les toilettes ! Le soir où j'étais bourr... enfin quand j'étais joyeuse quoi !

— Allons chérie, il y a plein de smartphones de ce modèle en circulation. Comment peux-tu être sûre qu'il s'agit du tien ?

— Ce poque ne ressemble à aucun autre. Et regarde cette rayure sur le dos ! C'est Ponpon qui l'a fait, avant qu'il ne tombe de la table et que je ne finisse par lui mettre une coque. Je m'en souviens comme si c'était hier !

Virginie, sous le coup de la surprise et de la joie, était euphorique.

— C'est incroyable si c'est bien ton ancien téléphone ! s'emporta Suzanne, qui semblait y voir un incroyable signe du destin le liant à sa petite-fille.

— Je n'arrive pas à y croire...

— C'est le sort qui l'a remis en travers de ta route, c'est certain.

Le très cartésien Matthieu, pas romantique pour deux sous qui plus est, semblait circonspect.

— Si tu savais, Grand-Mère, à quel point j'étais dégoûtée le jour où on me l'a volé. D'ailleurs, après ça, j'ai préféré garder mon vieux téléphone à clapet ; lui, aucun risque qu'on me le pique.

J'en tombais à la renverse. Malgré les années, malgré les nouveaux modèles qui m'avaient succédé, elle ne m'avait même pas remplacé...

Me tenant toujours fermement dans sa main droite, Virginie alla calmement s'asseoir, un peu à l'écart de ses proches et du brouhaha.

— Regarde un peu dans quel état tu es... me dit-elle alors les yeux emplis d'émotion, balayant doucement son pouce sur mon écran. Tu as dû en vivre, des aventures.

Si tu savais Virginie.
Si tu savais...

FIN

La boîte

Pfff mais qu'est-ce que je m'ennuie… Il n'y a vraiment rien à faire aujourd'hui. Cette fois-ci Virginie a pensé à éteindre la TV avant de partir, alors je ne pourrai même pas profiter des infos. La fenêtre est fermée donc pas la peine d'espérer non plus qu'un oiseau passe dans le coin.

Alors, récapitulons… Mes besoins de l'aprèm : check. Ma toilette : check. Me faire les griffes sur le canapé : check. Tester la résistance des rideaux : check. Bref, j'ai vraiment tout fait. Bon ben y'a plus qu'à piquer un somme.

MAAAAOOOUUUU… J'en baille dis donc.

Ha tiens, voilà Virginie qui rentre ! Avec mes croquettes je l'espère… Ha ben non, c'est un petit sac qu'elle a dans la main.

— Couuucouuuu mon Ponpon ! Je t'ai pas trop manqué ?

Alors là, pas du tout. Et j'ai très faim, moi ! Où sont mes croquettes et ma pâtée ?? Le frigo est vide je te rappelle.

— Allez, dépêche-toi, j'ai trop hâte de l'ouvrir ! dit Virginie sans même me gratouiller la tête.

— Ça va, j'arrive. Dis-moi, il te reste du pain de mie ? Je me ferais bien un sandwich.

Ha, encore ce neuneu d'Emeric. Pas fichu de changer une litière, avare en caresses, et qui préfère ces abrutis de chiens. Quand est-ce que tu vas changer de copain hein ??

— Va te servir, si tu veux. Moi, je passe à l'*unboxing* !

Virginie a l'air des plus joyeuses dis donc. Bien plus que quand elle est partie tout à l'heure, c'est louche. Est-ce que c'est à cause de cette petite boîte qu'elle vient de sortir du sac ? Qu'est-ce qu'elle nous a ramené encore ? Je vais aller me frotter sur sa jambe pour voir de quoi il retourne. MAOUUUU ?

— Attends Ponpon, c'est pas le moment ! me lance-t-elle sans même m'adresser un regard.

Ok, donc pas de pâtée, pas de câlins, rien. Attends un peu cette nuit quand tu seras endormie, je vais me faire un plaisir de miauler dans tes oreilles, tu m'en diras des nouvelles.

— Alors, qu'est-ce que ça donne ? demande Emeric de la cuisine.

— J'y vais doucement, je ne voudrais pas l'abimer !

À distance prudente, j'observe Virginie ouvrir une petite boîte blanche, et en sortir... un téléphone ??

— Waaaaa mais qu'est-ce qu'il est classe, dit-elle d'une voix nasillarde.

Tout ça pour ça ? Un banal smartphone. On va pas en faire un roman non plus. Allez, je retourne me coucher moi...

Chers lecteurs,

Merci de m'avoir accordé votre confiance en lisant Moi smartphone. Si vous avez apprécié cette histoire, n'hésitez pas à la conseiller autour de vous mais aussi (et surtout !) à me laisser un commentaire sur Amazon, précieux retour qui aidera ce livre à gagner en visibilité.

J'adresse en outre de chaleureux remerciements à ceux qui dans mon entourage ont soutenu ce projet, dont le caractère insolite n'a pas toujours été simple à défendre dans un milieu parfois empreint de classicisme. Je pense bien sûr à mes proches et amis, aux lecteurs de la première heure, à mes confrères auteurs, aux blogueurs... Je remercie particulièrement Emma, Laura et Guillaume pour leurs conseils éclairés, qui m'ont permis d'insuffler un caractère encore plus authentique et réaliste à cette histoire. J'adresse également un *high five* à Alexandre, qui du Japon n'a pas hésité à faire travailler son incroyable œil de lynx pour m'aider à éradiquer les dernières coquilles.

Enfin, je remercie la très talentueuse artiste Hu Yu pour son travail sur les couvertures. L'originalité et le peps qu'elle a su leur donner ont sans doute contribué à ce que de nombreux lecteurs me suivent dans cette aventure.

Du même auteur :

E-STORIC : le jour où Internet s'effondra – 2017

Les visiteurs de rêves (DREAMS t.1) – 2019

Les tueurs de rêves (DREAMS t.2) – 2020

La guerre des rêves (DREAMS t.3) – 2020

C'était comment avant Internet ? – 2020

C'est à vous de tuer – 2020

E-STORIC 2 : Numérisés – 2020

Eden – 2021

Un tueur au paradis – 2021

Vole – 2022

Aimer de nouveau – 2022

L'empreinte – 2022

www.ingramcontent.com/pod-product-compliance
Lightning Source LLC
LaVergne TN
LVHW042332060326
832902LV00006B/120